El Príncipe

Nicolás Maquiavelo

El Príncipe

Incluye los textos:
*Sobre la ambición, la fortuna,
la ocasión y la ingratitud*

Traducción y prólogo de
Emilio Blanco

ariel Quintaesencia

Obra editada en colaboración con Editorial Planeta - España

© 2013, Emilio Blanco, traducción y prólogo

© 2013, Editorial Planeta, S. A. - Barcelona, España

Derechos reservados

© 2023, Ediciones Culturales Paidós, S.A. de C.V.
Bajo el sello editorial ARIEL M.R.
Avenida Presidente Masarik núm. 111,
Piso 2, Polanco V Sección, Miguel Hidalgo
C.P. 11560, Ciudad de México
www.planetadelibros.com.mx
www.paidos.com.mx

Primera edición impresa en España: junio de 2023
ISBN: 978-84-344-3641-1

Primera edición impresa en México: noviembre de 2023
Primera reimpresión en México: abril de 2024
ISBN: 978-607-569-616-4

Impreso en los talleres de Impregráfica Digital, S.A. de C.V.
Av. Coyoacán 100-D, Valle Norte, Benito Juárez
Ciudad de México, C.P. 03103
Impreso en México – *Printed in Mexico*

ÍNDICE

EL PRÍNCIPE

CAPITOLI

MAQUIAVELO Y *EL PRÍNCIPE*

La idea de sentarse a escribir preceptos para gobernantes es tan antigua como el hombre y tan moderna como el periodismo. Desde los griegos hasta los articulistas actuales, todo el mundo tiene ideas estupendas para facilitar el ejercicio del poder. Bien es verdad que siempre ha habido clases, y que las obras maestras de Platón y de Aristóteles tardaron en encontrar su reflejo en tiempos posteriores. No es menos cierto que, bien entrada la Edad Media, el género de los consejos de príncipes oscila entre el libro minúsculo que recoge unas cuantas sentencias de validez general a la hora de reinar (poco más que un decálogo o conjunto de ideas) y el grueso infolio dividido en tres partes dedicadas respectivamente al reino, el príncipe y la casa del príncipe.

La raigambre medieval del género no va a suponer un gran estorbo para los humanistas, que desde bien pronto se dedican a redactar este tipo de obras como medio para difundir sus ideas no solo entre los príncipes y gobernantes de fines de la Edad Media y del Renacimiento, sino también entre la clase noble (esos «grandes señores» a los que se refieren con frecuencia, que Maquiavelo llamará *potenti*, los «poderosos»). La mayoría de estos humanistas, por no decir todos, escriben sus tratados de educación de príncipes pensando en algún personaje determinado. Es lo que explica el adelgazamiento desde el grueso volumen medieval hasta el brevísimo librillo humanista: si los primeros eran textos técnicos, casi siempre destinados a su lectura en un aula universitaria o en la biblioteca conventual, el opúsculo humanista se dirige a un personaje público. Así, Francesco Patrizi (1413-1494) dedica su *Institución del rey y del reino* al papa Sixto IV; Bartolomeo Sacchi redacta *El Príncipe* en 1471 pensando en uno de los nobles Gonzaga de Mantua; para Fernando de Nápoles escribe Diomede Carafa *El oficio de un buen príncipe* en la década de 1480, y el mismo destinatario tendrá el *De príncipe* de Giovanni Pontano en 1490. Enea Silvio Piccolomini dedica su *De la enseñanza de los niños* (otro espejo de príncipes) a Ladislao, el joven rey de Bohemia y de Hungría. A estos gobernantes no se les podía enviar el ladrillo de corte aristotélico-tomista que había cultivado la Edad Media, escrito en un latín técnico y organizado en partes, capítulos y divisiones poco gratas a los no iniciados. No extraña, pues, que los humanistas dividan por la mitad el libro (del gran folio pasan al tamaño cuarto —hoy diríamos una cuartilla— e incluso al menor octavo, para llevar en la faltriquera o en la bolsa en los viajes y embajadas) y que, a la hora de redactar, lo escriban con una nueva elegancia, la de los clásicos de Grecia y Roma, que no solo sirven de norte estilístico, sino que son también cantera de ejemplos para guiar el comportamiento del poderoso gobernante. Al fin y al cabo, los problemas sufridos por Ciro, Alejandro Magno, Julio César o Marco Aurelio eran, en esencia, los mismos que afectaban al rey medieval (o al menos eso pensaban).

La tendencia, lejos de decrecer, continúa en el siglo XVI con opúsculos dirigidos al mismo tipo de personaje. La segunda década del siglo es portentosa en este sentido, y se diría que —quien más, quien menos— todos echan su cuarto a espadas en la materia. Maquiavelo abre la serie en torno a 1513-1514, cuando redacta *Il Príncipe* pensando primero en Giuliano de Medici, cuya muerte prematura lo inclinó a enderezarlo más tarde a su hermano Lorenzo, capitán general del ejército florentino. Poco después, en 1516, Erasmo de Rotterdam presenta su *Instrucción del príncipe cristiano* al todavía príncipe Carlos. Y a Francisco I, rey de Francia, le ofrenda el humanista Guillermo Budé su *Del príncipe* en 1519. Huelga recordar que la *Utopía* de Tomás Moro se publica en 1516 y la *Querella de la Paz* de Erasmo en 1517.

No es que todos ellos tuviesen un móvil político claro. El caso del citado Francesco Patrizi es significativo: fue capaz de escribir un tratado a favor de la república para redactar años más tarde, cuando cae en desgracia ante sus amigos republicanos, otro tomito dedicado a ensalzar las virtudes del sistema monárquico. Frente a un Erasmo o un Tomás Moro, con ideas bien claras al respecto, hubo otros muchos como Patrizi —aunque no tan descarados— que cogieron la pluma guiados solo por un interés personal, como prueba el hecho de que casi todos esos libros fuesen dedicados a importantes personajes, locales o nacionales, según. Como aseveraba un traductor medieval, solo los textos cuya redacción no buscaba un premio salían sin dedicatoria; los que se ofrecían a algún personaje insigne perseguían sin duda alguna o bien una compensación económica del poderoso (a falta de las modernas becas, los gobernantes de la época ejercieron el mecenazgo de forma un tanto rácana y peculiar, según parece), bien un apoyo en la vida política, cultural o civil. No de otra manera hay que entender la breve dedicatoria del secretario florentino, que se abre y se cierra pidiendo ayuda y ofreciéndose como analista político:

> Quienes desean conseguir la gracia de un príncipe suelen.

> Y si vuestra Magnificiencia desde el culmen de su grandeza dirige alguna vez sus ojos hacia estas partes humildes, verá la extraordinaria forma en que yo soporto una continua e inmensa malignidad de fortuna.

Todos estos tratadillos principescos coincidían en las líneas generales. No podía ser de otra manera, dado el carácter retórico señalado. Salvo en los casos señeros ya citados (Erasmo, Tomás Moro), son ejercicios, faenas de aliño en no pocos casos, escritos a la prisa para presentar en la ocasión convenida o conveniente. Por ello se repiten hasta la saciedad las ideas y los ejemplos clásicos aducidos: siempre las mismas tesis, siempre los mismos modelos.

Los tratadistas beben estas ideas de corte político del pensamiento cristiano medieval y de aquellos autores clásicos cuyo ideario estaba tan cerca en muchos casos del cristianismo, que los humanistas decían de ellos que si hubiesen tenido la suerte de conocer el mensaje de Cristo lo habrían abrazado, de lo cerca que andaban de él. Por ello coinciden todos con el *Regimiento de príncipes* de Santo Tomás al señalar que el buen gobernante debía evitar cualquier tentación de gloria o de riqueza mundanas para asegurarse las recompensas celestiales; o recuperan del Cicerón de los *Officia* las virtudes cardinales —prudencia, justicia, fortaleza y templanza— a las que añaden la honestidad, la voluntad de mantenerse fiel a ellos mismos y a los otros hombres en cualquier momento; o escudriñan en los textos de Séneca las cuestiones relacionadas con la generosidad (*De beneficiis*) o la magnanimidad (*De clementia*). Por eso los modelos siguen siendo los mismos. Los casos de gobernantes mencionados más arriba sirven a todos como carga de la prueba, a los que se añaden, en función de la pericia clásica del redactor, otros personajes menores, como aquel que se arroja a una sima para salvar a Roma, y lo consigue, demostrando así que el sacrificio individual tiene efectos beneficiosos para la república o el reino. Al leer estos libros, se diría que tanto autores como lectores parecen gozar con aquello que Aristóteles dejó claro en su *Poética*: que las cosas repetidas hacen que un texto guste al público («bis repetita placent»). Los príncipes y reyes de fines del xv tuvieron que dormitar bien en sus escaños al oír recitar, por enésima vez, las decisiones acertadas de todos estos emperadores y reyes modélicos de la antigüedad. Diríase que el mundo estaba bien hecho, tanto en la Roma imperial como en la Italia del siglo xv, y que por ello ideas y ejemplos podían seguir siendo los mismos. Con las excepciones mencionadas, optar por uno u otro texto tenía que ver, en la mayor parte de los casos, con las preferencias de tipo estilístico o retórico, o con la proximidad del autor al dedicatario del libro. No es otra la razón de que la mayor parte de esos tratados de educación de príncipes se estudien hoy desde la filología o la historia, pero que pocos hayan aguantado el paso del tiempo con potencia ideológica suficiente como para continuar en la Historia de la Política.

Esto es lo que separa a Maquiavelo de todos los demás citados, la fuerza centrífuga que ha hecho de *El Príncipe* un polo de atracción para todos los teóricos de la política posteriores (y para no pocos gobernantes, aunque reconocerlo dé mala imagen, como leer bestsellers o prensa rosa). Maquiavelo va a alterar la moralidad humanística de los tratados de príncipes. En el capítulo XV de *El Príncipe*, cuando se empieza a hablar de las virtudes y vicios de estos, el florentino concede que muchos han escrito ya sobre la materia, pero que él se alejará de los métodos de los otros. Frente a ese mundo ideal, de carácter platónico, diseñado por los humanistas florentinos anteriores, Maquiavelo niega la mayor: no todo está bien diseñado, y por ello el gobernante tiene que buscar mantenerse en el poder y obtener gloria para sí mismo (cualquier seguidor de campañas electorales en el Occidente actual puede, si vence el natural aburrimiento, comprobar la modernidad del *pensiero* maquiavélico). Los mayoría de los hombres ya no son buenos (allá va el humanismo cristiano por la ventana), y el príncipe debe proteger sus intereses, y se hundirá como piense en comportarse él como bueno.

Y es que Maquiavelo ha dado entrada en su mundo de ideas a un concepto inexistente hasta entonces, el de circunstancia. Aunque no emplee la voz en su libro, lo cierto es que tiene claro que la diferencia de contextos elimina la igualdad de soluciones. Por eso la propuesta de los humanistas cristianos hace agua: no se puede obrar igual en el siglo I que en el siglo xv, ni en Francia igual que en España, ni puede comportarse de la misma manera un príncipe cuya dinastía lleva años en el poder que aquel otro que acaba de llegar al trono, o al estado. Nicolás Maquiavelo, florentino, diplomático, político, no hizo otra cosa que observar la realidad que le rodeaba en una Italia agitada durante años por polémicas y refriegas internas. Y vio bien que los tiempos y situaciones habían variado, por lo que las viejas recetas de corte retórico-político no servían: había que plegarse a la necesidad. Esta convicción le llevará a modificar totalmente el concepto de «virtud» que había diseñado para el príncipe el humanismo cristiano. Ahora ya no son las virtudes cardinales, sino que el gobernante debe tener el ánimo dispuesto a orientar su actuación al dictado de la fortuna. Los dos formantes malos del gobernante, según Cicerón, la fuerza y el engaño, características de las bestias y por ello indignas del hombre, se convierten a partir de ahora en pilares fundamentales del príncipe maquiavélico: hay que actuar con fuerza como el león, pero, cuando esta no alcance, hay que vestirse disfraz de vulpeja y recurrir al engaño de la zorra. Cambian los ejemplos, y cambian los animales ejemplares, al menos como los habían presentado los bestiarios y los libros de moralidades de la Edad Media. El resultado condiciona la política, aunque Maquiavelo no escribió en *El Príncipe* la frase que se le atribuye habitualmente sobre el fin y la justificación de los medios.

A tenor de lo visto, no es extraño, pues, que el texto de Maquiavelo esté escrito sin adobo retórico:

> No he adornado ni amplificado esta obra con frases amplias o con voces ampulosas o grandilocuentes, ni con cualquier otro aditamento u ornamento extrínseco, con los que muchos suelen escribir y embellecer sus cosas, porque es mi deseo o que nada la adorne o que solo la variedad de los asuntos tratados y la gravedad de la materia la hagan gustosa.

No le hizo falta un estilo bonito o recargado: la sencillez de la prosa lacónica bastó para insertar en pocas páginas un mensaje cargado de sentido para el hombre moderno. Lo vieron bien los centinelas de la ortodoxia cristiana, que desde bien pronto empezaron a desconfiar de las ideas del florentino. Impreso el libro en 1532, ya en 1558 aparece incluido —junto con el *Decamerón* de Boccaccio— en el *Índice de libros prohibidos*. En 1564, toda la obra y la figura de Maquiavelo queda anatematizada, lo que generalizará el marbete «secretario florentino» para referirse a él. La censura pudo poco, y los españoles del siglo XVII mantendrán con él una relación de amor-odio. Sirva de ejemplo Baltasar Gracián, que califica en un bello juego de palabras la política maquiavélica, no de «razón de estado», sino de establo... pero que no puede dejar de pensar como él, si confrontamos no pocos de los aforismos del *Oráculo manual* con los capítulos de *El Príncipe*. A partir de él, no ha dejado de atraer a filósofos de todo tipo (de los que quizá sea Nietzsche el más señalado) y a políticos de toda laya (de Napoleón a Mussolini), sin olvidar que a alguno de los últimos presidentes del Gobierno de España se les ha llegado a aplicar el nombre de Maquiavelo, y que otro posterior ha aducido la «necesidad» para ejecutar sus reformas de tipo económico y político. Quinientos años después, este clásico sigue muy vivo, como prueban los datos ciertos y la circunstancia.

LOS *CAPITOLI*

Maquiavelo no solo fue un prosista político, por más que la tradición lo haya encasillado en ese papel. De su afición a la literatura dan buena cuenta sus poesías, las comedias, algún relato corto e incluso un tratadillo de tipo lingüístico. Por otra parte, él mismo confesó en alguna ocasión su interés concreto en la poesía; más concretamente en una carta de 1517 a su amigo Alamanni, en donde se lamenta de que Ariosto no lo haya citado en la lista de poetas contemporáneos incluida en el *Orlando Furioso*.

Como poeta, Maquiavelo escribió distintas composiciones, y entre ellas hay cuatro poemas alegóricos, llamados *Capitoli*, dedicados a la Ingratitud, la Fortuna, la Ambición y la Ocasión. Hay que trazar una línea divisoria clara entre este último y los tres anteriores, tanto por la extensión como por la intencionalidad de sus versos. En efecto, el poema dedicado a la Ocasión es brevísimo, como prueban sus veintidós líneas, una décima parte de los dos centenares que casi alcanzan los restantes *Capitoli*. Por otro lado, el poemilla, escrito en tercetos encadenados, es una versión libre del epigrama XXXIII de Ausonio («In simulacrum Occasionis et Poenitentia»), en el que el poeta se dirige a la estatua de la Ocasión esculpida por Fidias. Es, pues, un ejercicio literario que se ha datado a partir de ciertos indicios entre 1518 y 1520. Mayor interés presentan las otras tres composiciones. Escritas en el mismo molde estrófico, se dataron en un primer momento en torno a 1512, lo que las hacía contemporáneas de *El Príncipe*, y un complemento ideal, pues, para leer en conjunto con la obra maestra del autor de los *Discorsi*, sobre todo si se tiene en cuenta que algunas de las cuestiones planteadas en estos poemas sintonizan perfectamente con pasajes de *El Príncipe*. Algunos estudios posteriores han sugerido con cierta base documental la necesidad de adelantar su composición, más concretamente al periodo que va de 1506 a 1509. Comoquiera que fuese, lo cierto es que los tres poemas tratan en verso asuntos recurrentes en la prosa maquiavélica, que le interesan desde el punto de vista de la teoría política, pero también desde un punto de vista vital, porque aquí no canta solo el analista, sino también el hombre desencantado tras el paso por el gobierno. En ese sentido, se ha señalado que las tres composiciones responden a un moralismo desencantado, en donde a fuerzas incontrolables bien conocidas (como la Fortuna), se añaden también otros elementos hostiles (la Ingratitud y la Ambición).

ESTA TRADUCCIÓN

Para la traducción de *Il Principe*, he partido del texto establecido por G. Inglese (Niccolò Machiavelli, *De principatibus*, Roma: Istituto Storico Italiano per il Medio Evo, 1994), que a partir del año siguiente tuvo varias ediciones en formato de bolsillo en la casa Einaudi. No he tenido en cuenta, sin embargo, la división en parágrafos allí propuesta por Inglese, sino que he agrupado algunas secuencias que en el texto italiano aparecen separadas y que sin duda resultarían extrañas a un lector español actual. He actuado de forma pareja con la puntuación, asunto nada sencillo en el texto vertido, que procede mediante el encadenamiento continuado de frases: aun respetando en la medida de lo posible las soluciones de Inglese (para no perder la rapidez y la fluidez originales, al interrumpir el discurso maquiavélico), he modernizado en ocasiones el resultado final, sobre todo introduciendo pausas fuertes en lugares que, en el texto original, quedaban ligados al pasaje anterior mediante otras más suaves, como la coma y el punto y coma: confío en que la solución haga algo más accesible al lector un estilo que no resulta de lectura fácil, al haber prescindido del uso extraño en lengua española de los dos puntos que se aprecia en algunos pasajes del original italiano. Por la misma razón he recurrido al paréntesis en contadas ocasiones, y en algunas más me he servido del guión para ayudar al lector a seguir una línea discursiva que en no pocos casos resulta complicada.

Por lo demás, me he ceñido al texto italiano extraordinariamente. La aclaración no está de más en el caso del opúsculo de Maquiavelo, que fue redactado con cierta prisa, como atestiguan no solo los datos que tenemos modernamente, sino también los idiotismos y no pocas particularidades sintácticas. Todo ello deja huella en una prosa que hace pocas concesiones al ornato retórico (léase la breve Dedicatoria que el florentino puso a su libro) y que explicará al lector algunas repeticiones de voces próximas, así como algunas brusquedades que persiguen mantener el sabor original del texto italiano, que no solo prescinde de la elegancia literaria, sino que en no pocos casos salta de un asunto a otro sin indicación previa. Al fin y al cabo, Maquiavelo fue partidario de un estilo que uno de sus primeros traductores al francés, Amelot de la Houssaye, calificó de «expresión lacónica», estilo que buscaba la participación consciente del lector.

Con esto entramos en el problema de fondo de las traducciones de *El Príncipe* al español, que se pueden dividir claramente en dos grupos: las que mantienen la citada estructura sintáctica peculiar, al respetar con mayor o menor escrúpulo la apresurada cadencia original (en la medida en que una traducción puede hacerlo), frente a aquellas otras que, en aras de la claridad lectora, amplifican el texto traducido, aumentando lo escrito por Maquiavelo y acercando la obra a un estilo más ciceroniano, más amplio. Traduciendo desde la Filología, tan solo la primera opción es posible (la versión de Helena Puigdomènech es modélica en este sentido): en sí, ya toda traducción es una primera interpretación del texto, pero amplificar para facilitar la comprensión del lector moderno es, además, reinterpretación. Maquiavelo no lo necesita: tan solo precisa lectores despiertos y atentos. No es el momento de entrar a discutir con pormenor las elecciones terminológicas en nuestra traducción. Baste señalar que, dada la ausencia de anotación, en contadas ocasiones he renunciado conscientemente a la voz original y he empleado un término más moderno porque el primero ha sufrido un desplazamiento semántico que haría ininteligible el texto actualmente: eso explicará ciertas voces disonantes para la época en un primer momento, que aparecen escasamente en esta versión, por cierto. Por lo demás, traducir a Maquiavelo no es tarea fácil, como sabe bien quien lo ha intentado: ello me ha llevado a emplear tanto «ofender» como «atacar» para trasladar la voz *offendere*, y a mantener siempre dos vocablos que en el original tienen un colorido que resulta imposible poner en castellano sin ayuda de la anotación: me refiero a «estado» y «virtud». Como es bien sabido, en la Florencia de los Medici, la voz *stato* tenía un sentido totalmente distinto al actual: se refería al poder personal sobre las leyes y sobre las instituciones públicas, y es importante que el lector de esta traducción lo tenga en cuenta para la correcta comprensión del texto. En no pocos casos, la primera intención habría sido emplear otras voces (como «poder», «reino», «estado», «gobierno»), pero se ha vertido siempre como «estado». El caso de *virtù* es más complejo. Como ha señalado M. Gaille-Nikodimov, la «virtud» es, además de una cualidad del príncipe, un verdadero tormento para el traductor, ya que este término —y su derivado *virtuoso*— ha hecho que las traducciones de *El Príncipe* se diversifiquen, al haber preferido unos traductores —los menos— mantenerlo inalterado en sus versiones, mientras que otros han optado por traducirlo mediante un amplio elenco de términos («valor» es el más importante de todos). El conocedor de Maquiavelo sabe que *virtù* es término propio del florentino, que recubre un curioso abanico de significados, mucho más allá del valor, y por ello parece preferible mantenerlo como tal, y dejar que el lector se esfuerce en desentrañar el sentido particular que le dio su autor en cada capítulo, en cada pasaje del texto.

Queda una observación: Maquiavelo tituló su obra en latín, con distintas variantes. La más conocida es *De principatibus* (*Sobre los principados*). En esta ocasión, y dado el público general al que se orienta la colección en que se publica, hemos optado por el título en vulgar que ha dado fama al opúsculo: *El Príncipe*. De la misma forma, los títulos de los veintiséis capítulos están en latín en el texto original: aquí se han convertido en notas a pie de página y hemos traducido al castellano los originales, al igual que los textos que Maquiavelo incluyó en latín o en italiano (muy pocos), que se han desplazado también al pie y se han sustituido en el cuerpo de la página por la traducción castellana.

Para los *Capitoli*, he empleado la versión de Corrado Vivanti recogida en la edición de Einaudi de las *Obras* de Maquiavelo (vol. III, 2005), quien reproduce fielmente el texto de G. Inglese (Roma, 1981). Tampoco es sencilla la traducción de estos poemas, pues una versión literal pierde el carácter literario de los versos, mientras que una versión demasiado libre traiciona sin duda la poesía del autor de *La mandrágora*. Para evitarlo, he optado por mantener el endecasílabo siempre que ha sido posible, renunciando a conservar la rima en aras de la fidelidad al texto. El resultado permite —espero— seguir el pensamiento de Maquiavelo sin alejarse demasiado de su estilo poético. Miguel Ángel Granada había vertido previamente dos de estos *Capitoli* en su *Antología de Maquiavelo* (Fortuna, pp. 194-198, y Ambición, pp. 223-228). No hace falta decir que su consulta ha sido de gran ayuda, al igual que ciertos pasajes aclarados por la versión francesa de Christian Bec (1996). Los dedicados a la Ingratitud y a la Ocasión no se habían traducido nunca al castellano, al menos hasta donde alcanzo.

EMILIO BLANCO

BIBLIOGRAFÍA SUMARIA

Águila, Rafael del y Chaparro, Sandra, *La república de Maquiavelo*, Madrid: Tecnos, 2006.

Forte, Juan Manuel y López Álvarez, Pablo (eds.), *Maquiavelo y España. Maquiavelismo y antimaquiavelismo en la cultura española de los siglos XVI y XVII*, Madrid: Biblioteca Nueva, 2008.

Gaille-Nikodimov, Marie y Ménissier, Thierry (dirs.), *Lectures de Machiavel*, París: Ellipses, 2006.

García López, Jorge, *El Príncipe, de Maquiavelo*, Madrid: Síntesis, 2004.

Maquiavelo, Nicolás, *Antología*, ed. Miguel Ángel Granada, Barcelona: Península, 1987.

—, *El Príncipe*, estudio Ana Martínez Arancón, trad. Helena Puigdomènech, Madrid: Tecnos, 1988.

—, *El Príncipe. La Mandrágora*, ed. Helena Puigdomènech, Madrid: Cátedra (Letras Universales), 1992.

—, *Il Principe*, ed. Giorgio Inglese, Turín: Einaudi, 1995.

—, *Oeuvres*, trad. Christian Bec, París: Éditions Robert Laffont, 1996.

—, *Opere I*, ed. Corrado Vivanti, Turín: Einaudi-Gallimard, 1997; *Opere, III*, ed. Corrado Vivanti, Turín: Einaudi, 2005.

—, *Le Prince*, trad. Marie Gaille-Nikodimov, París: Librairie Générale Française, 2000.

R. Aramayo, Roberto y Villacañas, José Luis (comps.), *La herencia de Maquiavelo. Modernidad y voluntad de poder*, Madrid: Fondo de Cultura Económica, 1999.

Skinner, Quentin, *Maquiavelo*, Madrid: Alianza Editorial (El Libro de Bolsillo), 1984.

Zarka, Yves Charles y Ménissier, Thierry (coords.), *Machiavel, le Prince ou le nouvel art politique*, París: Presses Universitaires de France (Débats Philosophiques), 2001.

EL PRÍNCIPE

DEDICATORIA

Nicolás Maquiavelo envía salud al Magnífico Lorenzo de Medici el joven.[1]

Quienes desean conseguir la gracia de un príncipe suelen hacerlo, la mayoría de las veces, con aquellas cosas que entre ellos son más apreciadas o con las que ven que más le gustan; por lo que muchas veces vemos que se le regalan caballos, armas, vestiduras de oro, piedras preciosas y otros ornamentos semejantes dignos de su grandeza. Deseando yo, pues, presentarme ante Vuestra Magnificencia con algún testimonio de mi devoción hacia vos, no he encontrado entre mis posesiones cosa más querida o que aprecie tanto como el conocimiento de los hechos de los grandes hombres, que he aprendido con una larga experiencia de las cosas actuales y una lectura continuada de las antiguas. Cosas que yo he meditado y examinado durante mucho tiempo con gran aplicación, y que ahora he comprimido en un pequeño librito que remito a Vuestra Magnificencia. Y aunque es-

1. Nicolaus Maclavellus Magnifico Laurentio Medici Iuniori salutem.

27

timo que esta obra es indigna de presentarse ante vos, no obstante también confío en que debéis aceptarla, habida cuenta de vuestra benignidad, considerando que no os puedo hacer mayor regalo que ofreceros la capacidad de comprender en muy poco tiempo cuanto yo he sabido y aprendido a lo largo de tantos años y con tantos inconvenientes y peligros. No he adornado ni amplificado esta obra con frases amplias o con voces ampulosas o grandilocuentes, ni con cualquier otro aditamento u ornamento extrínseco, con los que muchos suelen escribir y embellecer sus cosas, porque es mi deseo o que nada la adorne o que solo la variedad de los asuntos tratados y la gravedad de la materia la hagan gustosa. No quiero que se tome por presunción que un hombre de estado humilde y bajo se atreva a pensar y a dar normas de gobierno para los príncipes, porque al igual que aquellos que dibujan las regiones descienden a la llanura para apreciar la naturaleza de las montañas y de los sitios elevados, y para apreciar la de los lugares bajos se suben a los montes, de la misma manera hace falta ser un príncipe para conocer bien la naturaleza del pueblo y formar parte del pueblo para conocer bien la del príncipe.

Acepte, pues, Vuestra Magnificencia este pequeño regalo con la intención con que yo os lo envío. Si lo leéis y reflexionáis sobre él con diligencia, reconoceréis en él mi grandísimo deseo de que vos alcancéis la grandeza que vuestra fortuna y vuestras otras condiciones auguran. Y si Vuestra Magnificencia desde el culmen de su grandeza dirige alguna vez sus ojos hacia estas partes humildes, verá la extraordinaria forma en que yo soporto una continua e inmensa malignidad de fortuna.

DE CUÁLES SON LAS CLASES DE PRINCIPADOS Y DE QUÉ MODO SE ADQUIEREN[2]

Todos los estados, todos los dominios en que han mandado o mandan los hombres, han sido y son o repúblicas o principados. Los principados son, o hereditarios, en los que el linaje del príncipe se ha mantenido durante largo tiempo, o nuevos. Los nuevos, o son totalmente nuevos, como lo fue Milán para Francesco Sforza, o son como miembros ayuntados al estado hereditario del príncipe que los conquista, como es el reino de Nápoles para el rey de España. Estos dominios así adquiridos, o se acostumbran a vivir bajo un príncipe, o están acostumbrados a ser libres; y se ganan con las armas ajenas o con las propias, o por fortuna o por virtud.

2.   Quot sint genera principatuum et quibus modis acquirantur.

II

ACERCA DE LOS PRINCIPADOS
HEREDITARIOS[3]

Omitiré tratar de las repúblicas, porque ya traté largamente de ellas en otro lugar. Me ocuparé solo del principado, e iré retejiendo los hilos que acabo de escribir, y expondré cómo se pueden gobernar y mantener estos principados.

Digo, pues, que en los estados hereditarios y acostumbrados al linaje de su príncipe hay bastantes menos dificultades para mantenerlos que en los nuevos, porque basta únicamente con no alterar el orden de los antepasados y después gobernar según las circunstancias; de tal forma que si ese príncipe tiene un talento mediano, siempre se mantendrá en su gobierno, si no interviene una extraordinaria y excesiva fuerza que lo prive de él; incluso privado del poder, lo recuperará tan pronto el usurpador encuentre una dificultad.

Nosotros tenemos en Italia, entre los ejemplos de ello, al duque de Ferrara, que ha resistido los asaltos de los venecianos en 1484 y los del papa Julio II en 1510, tan solo por ser un príncipe antiguo en ese dominio. Porque el príncipe natural tiene menos razones y menor

---

3. De principatibus hereditariis.

necesidad de ofender, de donde se sigue que sea más amado; y si no se hace odiar por vicios extraordinarios, es razonablemente amado por los suyos. Y en la antigüedad y continuación del mando se debilitan las memorias y las causas de las innovaciones, porque siempre un cambio pone el estribo para el siguiente.

III

ACERCA DE LOS PRINCIPADOS MIXTOS[4]

Pero las dificultades se hallan en el principado nuevo. Y en primer lugar si no es del todo nuevo, sino como un miembro agregado, de forma que se puede llamar todo junto casi mixto. Los cambios nacen de una dificultad natural que hay en todos los principados nuevos: y es que los hombres cambian voluntariamente de señor porque esperan mejoras, y esta creencia les hace levantarse en armas contra aquel. Y en esto se engañan, porque ven después por experiencia que han empeorado. Lo que depende de otra necesidad natural y ordinaria, que hace que siempre haga falta atacar a los nuevos súbditos con ejércitos y con otros daños innumerables que trae consigo la nueva conquista; de forma que todos aquellos que has ofendido al ocupar aquel principado se convierten en tus enemigos, y no puedes conservar como amigos a aquellos que te han puesto allí, por no poder satisfacerlos de la forma que esperaban y por no poder usar contra ellos remedios fuertes, al estar obligado a ellos; porque siempre, aunque uno tenga un potentísimo ejército, necesita el favor de los habitantes para entrar en un territorio. Por estas razones Luis XII,

4. De principatibus mixtis.

rey de Francia, ocupó rápidamente Milán y rápidamente lo perdió, y se lo pudo arrebatar en el primer intento el ejército de Ludovico, porque aquellas gentes que le habían abierto las puertas, viéndose engañadas en su opinión y en aquel bien futuro que esperaban, no pudieron soportar las molestias del nuevo príncipe.

Bien es verdad que las regiones rebeladas, conquistándose después por segunda vez, se pierden más difícilmente, porque el señor, habida cuenta de la rebelión, es menos cauto en asegurarse en el poder, castigando a los delincuentes, descubriendo a los sospechosos, reforzando las partes más débiles. De forma que, si para que Francia perdiera Milán bastó la primera vez con un duque Ludovico que alborotase en sus fronteras, para que lo perdiese la segunda vez hizo falta que todo el mundo se le pusiese en contra, y que sus ejércitos fuesen aniquilados o expulsados de Italia; lo que nació de las razones dichas más arriba. No obstante, tanto la primera como la segunda vez se le quitó. Las razones universales de la primera ya se han discutido; queda ahora decir las de la segunda y ver qué remedios tuvo él, y cuáles puede tener uno que esté en su situación para poder mantenerse mejor en lo conquistado de lo que lo hizo Francia.

Digo por tanto que estos estados, que al conquistarlos se suman a un estado más antiguo del que conquista, o son de la misma región y de la misma lengua, o no lo son. Cuando lo son, mantenerlos es cosa fácil, sobre todo si no están acostumbrados a vivir de forma independiente; y para poseerlos con seguridad basta haber extinguido la descendencia del príncipe que los dominaba, ya que manteniéndoles en el resto de las cosas las viejas condiciones y no habiendo disconformidad en las costumbres, los hombres viven tranquilamente, como se ha comprobado que han hecho Borgoña, Bretaña, Gascuña y Normandía, que han estado desde hace tiempo unidas a Francia; y aunque haya algunas diferencias de tipo lingüístico, las costumbres son por el contrario similares y se pueden soportar fácilmente. Y el que conquista estos estados, queriéndolos conservar, debe tener dos consideraciones: una, que el linaje del príncipe antiguo se extinga; otra, no cambiar ni sus leyes ni sus impuestos, de tal forma que en un tiempo cortísimo haga con su principado antiguo un único cuerpo.

Pero cuando se conquistan estados en una región con diferente lengua, costumbres e instituciones, aquí sí hay dificultades y aquí hace falta tener gran fortuna y gran industria para mantenerlos. Y uno de los mayores remedios y más eficaces sería que la persona que conquista fuese allí a vivir. Esto haría más segura y más duradera aquella posesión, como ha hecho el Turco en Grecia, quien, con todos los otros modos observados por él para mantener aquel estado, no hubiese logrado conservarlo si no hubiese ido a habitar allí; porque habitando la región se ven nacer los desórdenes y se pueden remediar con rapidez; no estando, se tiene conocimiento de ellos cuando han crecido y ya no tienen remedio. De no habitar allí, la región será expoliada por tus oficiales. Los súbditos se satisfacen del recurso a un príncipe cercano, de donde tienen más motivos para amarlo, si quieren ser buenos, o de temerlo, si quisieren comportarse de otro modo. Los extranjeros que quisiesen asaltar aquel estado le tendrán más respeto. En definitiva, que, habitándolo, será muy difícil que lo pierda.

El otro gran remedio es establecer colonias en uno o dos sitios, que sean casi grilletes de aquel estado, porque es necesario o bien hacer esto, o bien tener bastante tropa de infantería y caballería. En las colonias no se gasta mucho, y sin gastos, o con muy pocos, el que conquista las envía y las mantiene, y ofende solo a aquellos a quienes desposee de las casas y de los campos para dárselos a los nuevos habitantes, que son una parte minúscula de aquel estado; y aquellos a los que ofende, al permanecer desperdigados y pobres, no le pueden hacer más daño; y los otros todos quedan por una parte sin haber recibido ofensa —y a causa de ello deberían estar tranquilos—, y por otra tienen miedo de equivocarse, recelando que les pueda suceder a ellos lo mismo que a los que han sido expoliados. Concluyo que estas colonias no cuestan, son más fieles, atacan menos, y los atacados no pueden hacer daño, al quedar pobres y separados, como se ha dicho. Por lo cual conviene señalar que hay que tratar a los hombres o bien mimosamente, o bien aniquilarlos, porque se vengan de las ofensas pequeñas, ya que de las grandes no pueden. La ofensa que se hace al hombre debe ser tal que no puedas temer la venganza. Si tienes, en vez de las colonias citadas, gente de armas, gastas bastante más, teniendo que mantener guardia en todas las fronteras de aquel estado, de modo que lo ganado se convierte en pérdida; y ofendes mucho más, porque dañas a todo aquel estado aposentando tu ejército en los alojamientos; y de esa molestia todos se quejan y algunos se tornarán enemigos, y son enemigos que te pueden hacer daño, al permanecer humillados en su casa. En todos los sentidos esta defensa armada es inútil, al contrario que la de las colonias es útil.

También debe, el que está en una región diferente, como se ha dicho, hacerse el jefe y defender a los vecinos más débiles, y a la vez arreglárselas para debilitar a los poderosos de aquel lugar, y procurar que por ninguna causa entre un extranjero con tanto poder como él. Este intervendrá siempre que sea reclamado por aquellos que en la región estén descontentos, ya por demasiada ambición, ya por miedo; como sucedió con los etolios, que llamaron a los romanos a Grecia, y en todos los otros territorios en los que entraron fueron ayudados por los habitantes locales. Y la secuencia de los acontecimientos es que, tan pronto como un extranjero poderoso entra en una región, todos aquellos menos poderosos que habitan en ella se le adosan, azuzados por la envidia que albergan contra quien ha tenido el poder antes que ellos; tanto que, con respecto a estos jefecillos menos poderosos, no debe tener inconveniente alguno en ganárselos, porque todos hacen rápidamente y con agrado una piña con el estado que acaba de conquistar. Solamente debe tener en cuenta que no cojan demasiada fuerza y demasiada autoridad, y que fácilmente pueda debilitar con sus tropas y con su favor a aquellos que son poderosos, para seguir siendo el dueño de aquella región. Y quien no gobierne bien esta región, perderá rápidamente aquello que haya conquistado y, mientras lo conserve, tendrá infinitas dificultades y molestias domésticas.

Los romanos, en las provincias que sometieron, mantuvieron bien estas reglas: establecieron colonias, tuvieron buenas relaciones con los menos poderosos sin permitirles acrecentar su poder, humillaron a los más poderosos y no dejaron coger prestigio a los poderosos foráneos. Y quiero que la región de Grecia baste como ejemplo único: tuvieron buenas relaciones con los aqueos y los etolios, dominaron el reino de Macedonia, Antíoco fue apresado; y jamás permitieron a los aqueos o a los etolios fundar un estado a pesar de sus méritos, ni la retórica de Filipo les indujo nunca a ser amigos sin humillarlo, ni el poder de Antíoco les hizo consentir que tuviese allí ningún estado. Porque los romanos hicieron en estos casos lo que deben hacer todos los príncipes sabios, que no solo miran a las alteraciones del presente, sino que también han de prever las futuras y evitarlas después con todos los medios; porque, anticipándose a los males lejanos, se remedian fácilmente, pero si esperas que se te echen encima, la medicina llega tarde porque la enfermedad es incurable. Y pasa con esto lo mismo que dicen los médicos del tuberculoso, que al principio su mal es difícil de diagnosticar, pero fácil de curar; pero que con el paso del tiempo, no habiendo conocido la enfermedad y no habiéndole administrado medicinas, es fácil de diagnosticar pero difícil de curar. Así pasa con los asuntos de gobierno, porque conociendo con antelación los males que nacen en aquel (lo que no es dado sino a uno prudente) se arreglan presto; pero cuando, por no haberlos conocido, se dejan crecer de forma que todos los conocen, no hay remedio posible.

Sin embargo, los romanos, viendo de lejos las dificultades, las remediaron siempre, y no las dejaron continuar para evitar una guerra, porque sabían que la guerra no se evita, sino que se difiere con ventaja para los otros. Por ello quisieron tener contienda con Filipo y Antíoco en Grecia, para no tener que hacerla con ellos en Italia; y pudieron entonces evitar ambas, pero no quisieron. No les agradó aquello que está hoy en boca de todos nuestros sabios, lo de gozar de las ventajas del tiempo, pero sí les gustó aquello de su virtud y de su prudencia, porque el tiempo lo atrapa todo rápidamente, y puede concluir en bien y en mal, o en mal y en bien.

Pero volvamos a Francia y reflexionemos sobre si ha hecho algunas de las cosas dichas; y hablaré de Luis, y no de Carlos, como de aquel que, por haber tenido durante más tiempo posesiones en Italia, se han visto mejor sus progresos; y veréis cómo él ha hecho lo contrario de las cosas que se deben hacer para mantener un Estado en una provincia diferente. El rey Luis llegó a Italia por la ambición de los venecianos, que quisieron ganarse la mitad del estado de Lombardía con aquella venida. Yo no quiero culpabilizar al rey por tomar esta decisión, porque queriendo introducir un pie en Italia y no teniendo amigos en esta región, al estarle también cerradas todas las puertas por el comportamiento del rey Carlos, tuvo que hacer las alianzas que pudo; y la elección le habría salido bien, si en los otros manejos no hubiese cometido algunos errores. Después de conquistada Lombardía, el rey recuperó rápidamente la reputación que le había quitado el rey Carlos; Génova cedió; los florentinos se tornaron amigos, el marqués de Mantua, el duque de Ferrara, los Bentivoglio, la señora de Forlí, el señor de Faenza, de Rímini, de Pesaro, de Camerino, de Piombino, los de Lucca, los de Pisa, los de Siena: todos le salieron al encuentro para hacerse sus amigos. Y entonces pudieron considerar los venecianos la temeridad de su elección, los cuales, para ganar dos ciudades de Lombardía, hicieron al rey dueño de dos tercios de Italia.

Considérese ahora con qué poca dificultad podía el rey mantener su reputación en Italia, si hubiese observado las normas escritas más arriba, y hubiese asegurado y defendido a todos aquellos amigos suyos, los cuales, por ser muchos y débiles, y miedosos unos de la Iglesia y otros de los venecianos, siempre necesitaron estar con él; y por medio de ellos se podía asegurar de quien era poderoso allí. Pero tan pronto él fue a Milán hizo lo contrario, ayudando al papa Alejandro para que ocupase la Romaña, y no se dio cuenta de que, con esta decisión, se debilitaba, perdiendo los amigos y aquellos que se habían recogido en su regazo, y a la vez engrandecía a la Iglesia, añadiendo poder temporal al imperio espiritual que le da tanta autoridad. Y cometido el primer error, fue obligado a continuar, en tanto en cuanto para ponerle término a la ambición del papa Alejandro y para que no se enseñorease de la Toscana, se vio obligado a venir a Italia.

No le bastó con haber engrandecido a la Iglesia y haberse privado de los amigos, sino que, por desear el reino de Nápoles, se lo dividió con el rey de España; y donde primero fue dueño único de Italia, metió después un compañero, permitiendo así que los ambiciosos de aquel lugar y los descontentos de su mando tuviesen a quién recurrir; y donde pudo dejar un rey sustituto tributario suyo, lo quitó para meter otro que pudiese echarle a él. Es algo de verdad muy natural y ordinario el deseo de conquista, y siempre que lo hacen los hombres que pueden serán alabados o no censurados; pero cuando no pueden y quieren hacerlo de cualquier modo, este es el error y la censura. Si Francia pudo, pues, atacar Nápoles con sus ejércitos, debió hacerlo; y si no podía, no debió dividirlo; y si la partición hecha de Lombardía con los venecianos admitía excusa, por haber metido el pie en Italia con ella, esta merece repulsa por no tener la excusa de aquella necesidad.

Había cometido Luis, pues, estos cinco errores: exterminó a los menos poderosos; aumentó el poder en Italia a uno de los ya poderosos; metió en ella a un extranjero poderosísimo; no vino a habitarla; no estableció colonias. Estos errores, si todavía hubiese vivido allí, podrían no haberle causado daño, si no hubiese cometido el sexto: quitar el estado a los venecianos. Porque incluso si no hubiese engrandecido el poder de la Iglesia y no hubiese introducido a España en Italia, era cosa necesaria y razonable humillar a los venecianos; pero habiendo optado por aquellas primeras elecciones, no debió consentir nunca su ruina; porque, siendo aquellos poderosos, siempre habrían tenido a los otros lejos de la empresa de Lombardía, bien porque los venecianos no lo habrían consentido sin hacerse señores de ella, bien porque los otros no habrían querido quitársela a Francia para dársela a ellos; y no habrían tenido fuerzas para afrontar las dos empresas.

Y si alguno dijese: el rey Luis cedió a Alejandro la Romaña y a España el reino de Nápoles para evitar una guerra, respondo con los argumentos recogidos atrás: que no se debe nunca permitir la continuación de un desorden para sortear una guerra, porque entonces no se evita, sino que se aplaza con perjuicio para ti. Y si cualesquiera otros alegasen la promesa que el rey había hecho al papa, de hacer para él aquella empresa por la anulación de su matrimonio y el capelo de Ruán, respondo con lo que diré más tarde sobre las promesas de los príncipes y cómo se deben guardar.

El rey Luis, en suma, ha perdido Lombardía por no haber tenido en cuenta ninguna de las reglas observadas por otros que han tomado regiones y las han querido conservar. Esto no es ningún milagro, sino algo muy ordinario y razonable. Y de estos asuntos traté en Nantes con el cardenal de Ruán, cuando el Valentino (que así llamaban popularmente a César Borgia, hijo del papa Alejandro) ocupaba la Romaña; porque, al decirme el cardenal de Ruán que los italianos no dominaban la guerra, yo le respondí que los franceses no dominaban los asuntos de estado, porque si ellos lo hubiesen hecho así, no habrían dejado crecer tanto el poder de la Iglesia. Y por experiencia se ha visto en Italia que la potencia de la Iglesia, y la de España, la ha causado Francia, y de la ruina de Italia son responsables las otras dos. De aquí se extrae una regla general, que nunca o casi nunca falla: que quien da alas a otro para ser poderoso, se labra su ruina, porque aquel poder es causado por aquel o con industria o con fuerza, y tanto una como otra se hacen sospechosas a quien llega a ser poderoso.

IV

POR QUÉ EL REINO DE DARÍO, QUE FUE OCUPADO POR ALEJANDRO, NO SE REBELÓ CONTRA SUS SUCESORES TRAS LA MUERTE DE ALEJANDRO[5]

Consideradas las dificultades que causa mantener un estado ocupado recientemente, alguno podría preguntarse, maravillado, por la causa de que Alejandro Magno se convirtiese en señor de Asia en pocos años y que muriese apenas la había ocupado; parecía razonable que de ello se siguiese que todo aquel estado se rebelase. Pero al contrario, los sucesores de Alejandro lo mantuvieron y no tuvieron para conservarlo otros problemas que los nacidos en ellos mismos a causa de la propia ambición. A esto respondo que los principados de los que se tiene memoria se gobiernan de dos maneras diferentes: o bien por un solo señor, y todos los demás son siervos, con algunos a la manera de encargados que, por gracia o concesión del príncipe, ayudan a gobernar el reino; o bien por un príncipe y unos señores, que tienen ese estatus no por gentileza del príncipe, sino por antigüedad de linaje. Estos señores tienen esta-

5.   Cur Darii regnum, quod Alexander occupaverat, a sucessoribus suis post Alessandri mortem non defecit.

dos y súbditos propios, que los reconocen como señores y sienten una inclinación natural hacia ellos. Los estados que se gobiernan por un príncipe con siervos tienen un príncipe con más autoridad, dado que en toda la región no hay nadie a quien reconozcan el señorío sino a él; y si obedecen a otro, lo hacen como encargado u oficial del príncipe, y solo a este tienen un amor particular.

Los ejemplos de estos dos modos de gobierno son, en nuestros días, los turcos y el rey de Francia. Un solo señor gobierna toda la monarquía turca: los demás son siervos suyos; divide el reino en sangiakas,[6] envía a ellas diversos administradores que cambia y sustituye como le parece. Sin embargo, el rey de Francia se encuentra en el medio de una cantidad de señores con antigüedad, en aquel estado, reconocidos y amados por sus siervos: tienen sus privilegios, y el rey no los puede destituir sin peligro. Quien examine entonces tanto uno como otro tipo de estado, tendrá dificultades para conquistar a los turcos, pero, una vez que haya vencido, tendrá facilidad para conservarlo. Y por el contrario, encontrará en algunos aspectos más facilidad para ocupar el reino de Francia, pero le costará gran trabajo mantenerlo.

Las causas de la dificultad para ocupar el reino del Turco radican en que no puedes ser convocado por los príncipes de aquel reino, ni tampoco esperar que se pueda facilitar la empresa con la rebelión de los señores que le rodean. Todo lo cual nace de las razones expuestas más arriba: ya que, al ser todos esclavos suyos y por estarle obligados, difícilmente se pueden corromper y, en el caso de que eso sucediese, no se puede esperar de ellos mucho, al no poder atraerlos por las razones dichas. Por ello el que ataca al Turco debe esperar encontrarlo to-

---

6. División territorial-administrativa del Imperio turco.

talmente unido, y le conviene confiar más en la propia fuerza que en los desórdenes del adversario. Pero una vez vencido y derrotado en el campo de manera que no pueda reconstruir sus ejércitos, no se ha de temer nada más que el linaje del príncipe; exterminado este, no queda nadie a quien se deba temer, porque los otros no tienen crédito entre la población; y así como el vencedor antes de la victoria no debe esperar nada de ellos, tampoco después tiene que temer nada de ellos.

Sucede lo contrario en los reinos gobernados al modo del de Francia, ya que puedes entrar fácilmente en ellos ganándote previamente a algún señor noble, porque siempre encontrarás descontentos y también a otros ansiosos de novedades. Por las razones expuestas, aquellos te pueden dejar el camino libre al estado y facilitarte la victoria. Después de aquella, si quieres mantenerte en el poder, tendrás muchos problemas, tanto con aquellos que te han ayudado como con quienes has oprimido. Y no te bastará con terminar con la familia del príncipe, porque quedarán los señores, que se harán cabecillas de nuevas rebeliones; y no pudiendo ni contentarlos ni exterminarlos, perderás el estado en la primera ocasión.

Ahora, si consideráis a qué tipo de gobierno correspondía el de Darío, veréis que es semejante al reino del Turco; por ello Alejandro tuvo que ganar todas las batallas primero. Muerto Darío, después de la victoria, el estado quedó asegurado para Alejandro por las razones discutidas más arriba; y sus sucesores, si hubiesen permanecido unidos, podían haberlo disfrutado pacíficamente, y no como sucedió en aquel reino, que nacieron otras rebeliones propiciadas por ellos mismos. En cambio, es imposible poseer con tanta tranquilidad los estados instituidos como el reino de Francia: de ello nacen las frecuentes rebeliones de España, de Francia y de

Grecia contra los romanos, causadas por los mismos principados que había en aquellos estados: mientras duró el recuerdo de aquellos, Roma siempre tuvo dificultades para la dominación. Pero borrada la memoria de aquellos, con el poder y la cotidianeidad del mando, los romanos lo ocuparon con seguridad; y aun después pudieron ellos, combatiendo entre sí, apuntarse el poder de la provincia según la autoridad; y ellas, al haber sido exterminados los linajes imperantes, solo reconocían la autoridad de los romanos. En fin, examinadas todas estas cosas, nadie se extrañará de la facilidad que tuvo Alejandro para mantener el estado de Asia, y tampoco de los problemas que han tenido otros para conservar lo adquirido, como Pirro y otros muchos, lo que no viene de la poca o de la mucha virtud del vencedor, sino de la disconformidad de situaciones.

V

DE QUÉ MODO SE DEBEN GOBERNAR LAS CIUDADES O LOS PRINCIPADOS QUE TENÍAN SUS PROPIAS LEYES ANTES DE SER OCUPADAS[7]

Hay tres formas de mantener aquellos estados adquiridos, cuando estos, como se ha dicho, acostumbran a vivir con sus propias leyes y en libertad: la primera, arruinarlos; la segunda, desplazarse y habitar en ellos; la tercera, dejarlos vivir con sus propias leyes, imponiéndoles un tributo y estableciendo allí dentro una oligarquía que los mantenga como aliados; porque, al haber sido aquel gobierno creado por el príncipe, sabe que no puede existir sin su alianza y su poder, y tiene que hacer todo lo posible por mantenerlo. Y se mantiene con más facilidad una ciudad acostumbrada a vivir libre por medio de sus ciudadanos que de ningún otro modo, si la quiere conservar.

Entre los ejemplos de ello se encuentran los espartanos y los romanos. Los espartanos mantuvieron Atenas y Tebas, estableciendo allí unas oligarquías, y sin embargo las perdieron de nuevo. Los romanos, para mantener

7. Quomodo administrandae sunt civitates vel principatus qui antequam occuparentur suis legibus vivebant.

Capua, Cartago y Numancia, las destruyeron, y no las perdieron. Quisieron mantener Grecia casi como la tuvieron los espartanos, libertándola y dejándole sus leyes, y no lo lograron, de modo que se vieron obligados a destruir muchas ciudades de aquella región para mantenerla. Porque ciertamente no hay otro modo de poseer con seguridad más que la destrucción; el que se convierte en señor de una ciudad acostumbrada a vivir de forma libre, y no la destruye, solo puede esperar ser destruido por ella, porque siempre tendrán como excusa de la rebelión la invocación a la libertad y sus antiguas ordenanzas, cosas que no se olvidan nunca ni por el paso del tiempo ni por los beneficios recibidos. Y por más que se haga o se decrete, si no se separan o desperdigan los habitantes, ni olvidan el nombre, ni tampoco las disposiciones, y reaparecen de repente con cualquier motivo, como pasó en Pisa después de estar cien años dominada por los florentinos.

Pero cuando las ciudades o las provincias están acostumbradas a vivir bajo el mando de un príncipe cuyo linaje se ha extinguido, al estar acostumbradas por una parte a obedecer y al carecer, por otra, del príncipe antiguo, no aciertan a concordar sus voluntades para hacer uno nuevo, no saben vivir libres. De esa forma tardan más en recurrir a las armas y el príncipe puede ganárselas y asegurárselas más fácilmente. Pero en las repúblicas hay una vitalidad mayor, un odio mayor, más deseo de venganza: no se les deje, no se les puede dejar alimentar el recuerdo de la antigua libertad; de forma que el camino más cierto es aniquilarlas o habitar en ellas.

ACERCA DE LOS PRINCIPADOS NUEVOS QUE SE CONSIGUEN CON LAS ARMAS PROPIAS Y CON VIRTUD[8]

Que no se maraville nadie si, al hablar —como lo voy a hacer— de los principados completamente nuevos, tanto de los príncipes como del estado, aduzco ejemplos notabilísimos; porque, caminando los hombres por los caminos pisados ya por otros y siguiendo sus acciones mediante la imitación (aunque no se puede recorrer en todo los caminos de los otros, ni llegar a la virtud de aquellos a los que imitas), el hombre prudente debe seguir siempre las vías marcadas por los grandes hombres, e imitar a aquellos que han sido excelentes, para que, si no te llega su virtud, al menos te alcance algo de su perfume. Y debe hacer como los arqueros prudentes, los cuales —cuando ven que el lugar donde quieren acertar se encuentra demasiado lejano y conocen bien el temple de su arco— apuntan hacia un lugar bastante más alto que el blanco deseado, no para acertar con la flecha a tanta altura, sino para poder, con la ayuda de esa elevación, acertar al objetivo.

8. De principatibus novis qui armis propriis et virtute acquiruntur.

49

Digo, entonces, que en los principados totalmente nuevos donde gobierna un príncipe nuevo se encuentran tantas dificultades para conservarlos en función de cómo sea de virtuoso el que los ha conseguido. Y porque este resultado —el de convertirse en príncipe siendo un ciudadano particular— presupone o virtud o fortuna, parece que una u otra de estas dos cosas mitigan en parte muchos problemas. No obstante, quien se ha apoyado menos en la fortuna se ha mantenido más. También añade facilidad estar el príncipe obligado, por no tener otros estados, a venir personalmente a vivir a sus posesiones.

Pero, viniendo a aquellos que por su propia virtud y no por fortuna han alcanzado el principado, digo que los más excelentes son Moisés, Ciro, Rómulo, Teseo y otros semejantes. Y aunque no se debe argumentar con Moisés, al haber sido él un mero ejecutor de las cosas que le había ordenado Dios, sin embargo es digno de admiración, al menos por haber tenido aquella gracia que lo hacía digno de hablar con Dios. Pero si nos fijamos en Ciro y en los otros que han conquistado o fundado reinos, los encontraréis admirables a todos; y si se consideran sus acciones y las instituciones de cada uno, no parecerán distintas de las de Moisés, que tuvo tan gran preceptor. Y al examinar sus acciones y su vida, no se ve que ellos tuviesen otra fortuna que la ocasión, que les dio materia para introducir en ella la forma que mejor les pareció; y sin aquella ocasión, la virtud de su ánimo se habría dilapidado, y sin aquella virtud la ocasión habría pasado de largo.

Moisés necesitó, pues, encontrar al pueblo de Israel, en Egipto, esclavo y oprimido por los egipcios, para que ellos, por escapar de la esclavitud, se dispusiesen a seguirlo. Hizo falta que Rómulo no encontrase sitio en Alba y tuviese condición de expósito tras nacer, para que se convirtiese finalmente en rey de Roma y fundador de la patria. Fue necesario que Ciro encontrase a los persas descontentos del imperio de los medos, y a los medos débiles y afeminados por causa de una larga paz. Teseo no habría podido demostrar su virtud si no hubiese encontrado a los atenienses desunidos. Por lo tanto, estas ocasiones hicieron afortunados a estos hombres, y su excelente virtud hizo que aquellas ocasiones fuesen conocidas; de donde sus patrias fueron ennoblecidas y afortunadas.

Los que por vías virtuosas, semejantes a las de estos, se convierten en príncipes, adquieren el principado con dificultad, pero lo mantienen fácilmente; y las dificultades que ellos tienen en conquistar el principado nacen en parte de las nuevas instituciones y modos de gobierno que se ven obligados a introducir para fundar su estado y su seguridad. Y se debe pensar que no hay cosa más difícil de tratar, ni más dudosa de resolver, ni más peligrosa de manejar, que hacerse responsable de introducir nuevas disposiciones. Porque el introductor tendrá por enemigos a todos aquellos que se aprovechan de las viejas disposiciones, y al contrario tendrá por tibios defensores a los que se benefician de las nuevas: la tibieza nace en parte del miedo a los adversarios que tienen las leyes de su lado, y en parte de la incredulidad de los hombres, que no creen de verdad en las cosas nuevas, si no ven que resulta de ellas una experiencia segura. De donde se concluye que cada vez que los que son enemigos tienen ocasión de atacar, lo hacen furiosamente, y los otros defienden tibiamente, de forma que con ellos se corre mucho peligro.

Es necesario, por tanto, si se quiere argumentar bien este punto, examinar si estos innovadores se rigen por ellos mismos o si dependen de otros; vale decir: si para concluir las acciones les hace falta rogar o si pueden obligar realmente. En el primer caso, siempre terminan mal y no llegan a ningún lado; pero cuando dependen de ellos solos y pueden obligar, entonces rara vez caen. De esto resulta que todos los profetas armados vencieron y los desarmados se perdieron. Porque, más allá de lo expuesto, la naturaleza de las gentes es varia, y es fácil convencerles para hacer algo, pero es difícil mantenerlos en aquel convencimiento. Y por ello es conveniente estar preparado para que, cuando ya no confíen, se les pueda obligar a hacerlo. Moisés, Ciro, Teseo y Rómulo no habrían podido hacer guardar durante largo tiempo sus leyes si hubiesen estado desarmados; como ha sucedido en nuestra época a fray Jerónimo Savonarola, que se perdió poco después de haber introducido nuevas formas de gobierno, tan pronto como la multitud comenzó a no confiar en él, y él no tenía forma de conservar a quienes le habían creído, ni de hacer confiar a los descreídos. Por eso estos tienen grandes dificultades para gobernar, y todos los peligros se les presentan en el camino, y conviene que los superen con la virtud. Pero superados los que tienen, y una vez que comienzan a ser respetados, al haber terminado con aquellos envidiosos de su condición, se mantienen poderosos, seguros, honrados y felices.

Quiero añadir un ejemplo menor a estos tan altos, aunque de algún modo equiparable a ellos, y quiero que me baste para todos los otros parecidos: es Hierón de Siracusa. Este pasó de ser un particular a príncipe de Siracusa, y no conoció otro regalo de la fortuna que la ocasión, porque, estando oprimidos los siracusanos, lo eligieron como capitán, de donde llegó a convertirse en su príncipe por sus méritos. Y fue de tanta virtud, incluso siendo un ciudadano particular, que quien escribe de él dice que «no le faltó otra cosa para reinar si no fue el mismo reino».[9] Desmanteló el viejo ejército y dispuso uno nuevo; dejó las amistades antiguas y se hizo con otras nuevas; y como se hizo con aliados y soldados que eran a la vez partidarios suyos, pudo edificar un edificio sobre esa base; de modo que lo que le costó mucho trabajo conquistar, le costó poco conservarlo.

9.   En latín, en el original: «quod nihil illi deerat ad regnandum praeter regnum» (Justino, XXIII, 4).

VII

DE LOS PRINCIPADOS NUEVOS QUE SE ADQUIEREN CON LA FORTUNA Y LAS ARMAS AJENAS[10]

Aquellos que pasan de ser particulares a príncipes solo por fortuna, llegan con poco trabajo, pero se mantienen con mucho; y no tienen problemas en el camino, porque llegan hasta el poder volando: pero todas las dificultades arrancan cuando ya están en el puesto. Estos son aquellos que llegan al estado o por dinero o por la gracia de quien lo concede, como pasó a muchos en Grecia, en las ciudades de Jonia y de Helesponto, en donde Darío los hizo príncipes, con la idea de que lo fuesen para garantizar su seguridad y su gloria, como se hacía todavía con aquellos emperadores que, desde la condición de particulares, llegaban al mando por corrupción de los soldados.

Estos se mantienen en el poder sencillamente por la voluntad y la fortuna de quien se lo ha concedido, que son dos cosas muy volubles e inestables, y ni saben ni pueden mantener el grado. No saben porque, si no son hombres de gran ingenio y virtud, no es de esperar que,

10. De principatibus novis qui alienis armis et fortuna acquiruntur.

habiendo vivido siempre como personas particulares, sepan mandar; y no pueden porque no tienen fuerzas que les puedan ser aliadas y fieles. Además, los estados que surgen repentinamente, como todos los elementos de la naturaleza que nacen y crecen deprisa, no pueden tener las raíces y las ramificaciones de forma que, a la primera adversidad que les sobrevenga, no se arruinen —si aquellos que se convierten en príncipes de repente, como se ha dicho, no son de tanta virtud que sean capaces de disponerse rápidamente a conservar lo que la fortuna les ha puesto de repente entre las manos, y a poner después las bases que los otros han dispuesto antes de ser príncipes.

Quiero aducir dos ejemplos contemporáneos a cada uno de los modos señalados de convertirse en príncipe, o por virtud o por fortuna: son estos Francesco Sforza y César Borgia. Francesco, con los medios convenientes y con su gran virtud, llegó a ser duque de Milán desde la condición de persona particular; y lo que había conquistado con mil trabajos lo mantuvo con poca fatiga. Por otra parte, César Borgia, llamado popularmente el Duque Valentino, conquistó el estado con la fortuna del padre, y con la misma lo perdió, a pesar de que se esforzó y que hizo todo aquello que un hombre virtuoso y prudente debía hacer para afianzarse en aquellos estados que las armas y la fortuna ajenas le habían granjeado. Porque, como se dijo más arriba, el que no tiene los fundamentos primero, los podría poner después con una gran virtud, aunque se hagan con disgusto del arquitecto y con peligro del edificio. Por tanto, si se consideran todos los progresos del duque, se comprobará que puso grandes fundamentos para el poder futuro: no estimo superfluo repasarlos, porque yo no sabría qué mejores reglas dar a un príncipe nuevo que el ejemplo de sus acciones. Y si sus disposiciones no le aprovecharon, no fue culpa suya, porque nacieron de una extrema y extraordinaria malignidad de fortuna.

Alejandro VI, al querer engrandecer a su hijo el duque, tuvo muchos problemas, presentes y futuros. En primer lugar, no veía manera de poder hacerlo señor de algún estado que no hubiese estado antes en manos de la Iglesia; y atreviéndose después a arrebatárselo a la Iglesia, sabía que el duque de Milán y los venecianos no se lo consentirían, porque Faenza y Rímini estaban ya bajo la protección de los venecianos. Además de esto, veía que los ejércitos de Italia, y especialmente aquellos de los que hubiese podido servirse, estaban en posesión de quienes debían temer el poder del papa —y por esto no podía confiar en ellos, al estar todos ellos bajo los Orsini, los Colonna y sus aliados—. Por lo tanto, era necesario que se alterase aquel estatus y cambiasen los estados de Italia para poder enseñorearse con seguridad de una parte de ellos. Esto le fue fácil, porque encontró a los venecianos que, movidos por otras causas, estaban consagrados a hacer volver a entrar a los franceses en Italia; a lo que él no solo no se opuso, sino que lo facilitó con la disolución del matrimonio anterior del rey Luis.

Pasó, en efecto, el rey de Francia a Italia con la ayuda de los venecianos y el consentimiento de Alejandro: fue a Milán antes de que el papa tuviese gente para la empresa de la Romaña, que le fue tolerada por el prestigio del rey galo. Conquistada, pues, la Romaña por el duque y abatidos los Colonna, queriendo conservar aquella y pasar adelante, se lo impedían dos cosas: una, que no creía en la fidelidad de sus tropas; otra, la voluntad de Francia. Es decir, que las fuerzas de los Orsini, de los que ya se había servido, le fallaron, y no solo le impidieron conquistarlo, sino que le arrebataron lo conseguido, e incluso que el rey no le hiciera lo mismo. De los Orsini ya había probado esto una vez, en el momento en que tras conquistar Faenza, atacó Bolonia y los vio tibios en aquel asedio; y en cuanto al rey, conoció su disposición cuando, una vez conquistado el ducado de Urbino, atacó la Toscana, y el rey le hizo desistir de la empresa.

Así que el duque decidió no depender más de los ejércitos y de la fortuna de terceros, y lo primero que hizo fue debilitar a los partidarios de los Orsini y de los Colonna en Roma, porque se ganó a todos los seguidores nobles de aquellos dos grupos, haciéndolos nobles suyos y dándoles grandes sumas de dinero, y los honró según su condición con cargos políticos o militares, de manera que en unos pocos meses se desvaneciese la afición de los partidarios y esta se volviese hacia el duque. Después de esto, aguardó la ocasión de terminar con los jefes de los Orsini, habiendo disgregado previamente a los de Colonna. La ocasión le vino bien, y él la supo aprovechar mejor, porque, al haberse dado cuenta los Orsini de que la grandeza del duque y de la Iglesia era su ruina, hicieron una reunión en Magione, en Perugia. De esta nacieron la rebelión de Urbino, los tumultos de la Romaña e infinitos peligros para el duque, y este los superó todos con la ayuda francesa. Y tras haber recobrado la reputación, no se fió de Francia ni de otros ejércitos extranjeros, y para no tener que probarlos otra vez, recurrió de nuevo a los engaños. Y supo disimular de tal forma sus intenciones, que los mismos Orsini, mediante el señor Paulo, se reconciliaron con él —al que el duque no privó de ningún gesto de benevolencia, para asegurárselo, dándole dineros, ropa y caballos—, de tal forma que la sencillez los condujo a sus manos en Sinigaglia.

Eliminados, pues, estos jefes y una vez convertidos en aliados sus antiguos partidarios, el duque había puesto bien las bases para su dominio, al haber conseguido toda la Romaña con el ducado de Urbino, creyendo sobre todo haber conseguido la alianza de la Romaña y haberse ganado aquellos pueblos por haber gustado el bien de ser suyos. Y porque todo esto es digno de saberse y para que sea imitado por otros, no quiero dejarlo pasar. Una vez que el duque ganó la Romaña, vio que la habían gobernado señores con poco mando —que se habían apresurado más en expoliarla que en mandar a los súbditos, y les habían dado motivo de desunión, y no de unión—; tanto que aquella región era un foco de robos, de problemas y de otros elementos de insolencia: pensó que se hacía necesario, para que volviese a ser pacífica y obediente al poder real, darle un buen gobierno; y puso de jefe a micer Ramiro de Orco, hombre cruel y resuelto, al que dio plenos poderes. Este la unió y la pacificó en poco tiempo, con gran prestigio. Después el duque pensó que no era necesaria tanta autoridad, porque temía que se volviese odiosa, y constituyó un tribunal civil en el medio de aquella región, con un presidente excelentísimo en el que todas las ciudades tenían un defensor. Y como veía que el rigor pasado había generado un cierto odio hacia él, para depurar la enemistad de aquellas gentes y ganárselas del todo, quiso mostrar que, si se había cometido alguna crueldad, no era culpa suya sino de la naturaleza agria del ministro. Y basándose en ello, lo hizo descabezar una mañana en la plaza de Cesena, sobre un tronco y con un hacha ensagrentada al lado. La ferocidad de la imagen hizo que aquellas gentes estuviesen a un tiempo asombradas y satisfechas.

Pero tornemos adonde comenzamos. Digo que, viéndose el duque con bastante poder y asegurado parcialmente de los peligros en aquel momento, por haberse armado como quería y por haber desbaratado en buena medida los ejércitos fronterizos que le podían atacar, sabía que para poder continuar ganando tierras, le faltaba el respeto del rey de Francia, que se había apercibido tarde de su error, y que no se lo consentiría. Y empezó así a buscar alianzas nuevas y vaciló con Francia, cuando los franceses vinieron al reino de Nápoles contra los españoles que asediaban Gaeta; y su ánimo era aliarse con ellos, lo que habría conseguido rápidamente si hubiese vivido Alejandro. Y este fue su proceder en el gobierno de las cosas presentes.

En cuanto a las acciones futuras, él dudó en primer lugar que el nuevo papa fuese su aliado e intentase quitarle todo aquello que Alejandro le había dado. Pensó evitarlo de cuatro formas: en primer lugar, ideó acabar con los herederos de todos aquellos señores que había expoliado, para quitar al papa la ocasión de utilizarlos contra él; en segundo lugar, ganarse a todos los nobles de Roma, como se ha dicho, para tener controlado al papa; en tercer lugar, captar el mayor número de voluntades posibles entre los miembros del colegio cardenalicio; y en cuarto, conseguir tanto poder antes de que muriese el papa, que pudiese resistir el golpe por sus propios medios. De estas cuatro cosas había logrado tres a la muerte de Alejandro, y la cuarta la daba casi por conseguida; porque de los señores expoliados liquidó todos los que pudo, y se salvaron poquísimos; y se había ganado a los nobles romanos; y se había granjeado a una parte importantísima del colegio cardenalicio; y por lo que hace a las nuevas adquisiciones, había pensado convertirse en señor de Toscana y tenía ya Perugia y Piombino, y había logrado la protección de Pisa. Y como no tenía que temer a Francia —por haber sido ya los franceses expulsados del reino por los españoles, de forma que ambos necesitaban comprar su amistad—, pasaba a

Pisa. Tras ello, Lucca y Siena habrían cedido pronto, en parte por envidia de los florentinos, en parte por miedo; los florentinos no tenían remedio. Si lo hubiese conseguido —lo habría logrado el mismo año de la muerte de Alejandro—, habría adquirido tantas fuerzas y tanto prestigio, que se habría conservado con sus propias fuerzas y no habría dependido más de la fortuna y fuerzas ajenas, sino de su potencia y de su virtud.

Pero Alejandro murió cinco años después de haberse convertido en un guerrero; murió habiendo consolidado tan solo la Romaña, con todos los otros estados en el aire, enfermo de muerte y flanqueado por dos ejércitos enemigos. Tenía el duque tanta intrepidez y tanta virtud, y sabía tan claramente que a los hombres hay que ganarlos o aniquilarlos, y fueron tan eficaces los fundamentos que había puesto en tan poco tiempo, que si no hubiese tenido aquellos ejércitos encima o hubiese estado sano, habría superado cualquier dificultad.

Y que sus fundamentos fueron buenos se ve en que la Romaña lo esperó más de un mes; en Roma, ya medio muerto, estuvo seguro y, aunque los Baglioni, los Vitelli y los Orsini vinieron allí, no encontraron seguidores contra él; si no pudo hacer papa a quien él quiso, por lo menos logró que no lo fuese quien él no deseaba. Pero si a la muerte de Alejandro hubiese estado sano, todo le hubiera sido fácil, y él me dijo, en los días en los que fue nombrado Julio II, que había pensado en lo que pudiese pasar al morir su padre, y que había encontrado remedio para todo, excepto que no pensó nunca, en el momento de morir el padre, en la posibilidad de morir él también.

Repasadas, pues, todas las acciones del duque, no sabría echarle en cara algo. Me parece mejor, como he hecho, proponerlo como ejemplo a aquellos que llegan al poder por fortuna o por las armas ajenas; porque él, que tuvo el ánimo grande y la intención elevada, no se pudo gobernar mejor, y solo se opusieron a sus designios la brevedad de la vida de Alejandro y su enfermedad. En efecto, quien juzgue necesario en su nuevo principado protegerse de los enemigos y ganarse aliados; vencer por fuerza o con engaños; hacerse amar y temer de las gentes, seguir y ser temido por los soldados; exterminar a aquellos que te pueden o deben ofender; innovar con nuevas formas los modos antiguos; ser severo y agradable, magnánimo y liberal; eliminar la milicia desafecta, crear una nueva; mantener las alianzas con reyes y príncipes de forma que tengan que beneficiarte con amistad o que te ataquen con respeto... este no puede encontrar ejemplos más frescos que sus acciones.

Solo se le puede recriminar por haber elegido a Julio II como sucesor en el papado, elección en la que el duque se equivocó; porque, como se ha dicho, no pudiendo hacer papa a quien quiso, podía impedir que alguno fuese papa. Y no debió jamás permitir la elección de aquellos cardenales que él había ofendido o que, una vez elegidos, tuviesen que tener miedo de él; porque los hombres ofenden o por miedo o por odio. Entre los que él había ofendido se contaban, entre otros, el de San Pedro ad Vincula, Colonna, el de San Giorgio, Ascanio; todos los demás, en el caso de llegar a ser papa, deberían temerlo, excepto el de Ruán y los españoles; estos por compatriotas y por otros vínculos, aquel por el poder, al haberse ganado el reino de Francia. Por ello el duque antes que nada debió hacer que fuese papa un español, y, si no pudo hacerlo, debió aceptar que lo fuese el de Ruán, y no el de San Pedro ad Vincula. Y se equivoca quien cree que, en los grandes hombres, los beneficios recientes hacen olvidar las injurias viejas. Erró, pues, el duque en esta elección, que fue causa de su última derrota.

VIII

DE AQUELLOS QUE LLEGARON
AL PRINCIPADO MEDIANTE LOS CRÍMENES[11]

Pero ya que se llega a príncipe desde la condición de particular de dos maneras, lo que no se puede atribuir del todo a la fortuna o la virtud, no me parece bien omitirlas, aunque de la última se pueda argumentar más detenidamente cuando se trate de las repúblicas. Estos dos modos son cuando por algún camino criminal o abominable se llega al principado, o cuando un ciudadano particular se convierte en príncipe con el favor de sus otros conciudadanos. Y hablando del primer modo, se demostrará con dos ejemplos, uno antiguo y otro moderno, sin entrar en otras cuestiones, porque estimo que bastan a quien necesite imitarlos.

Agatocles de Sicilia llegó a rey de Siracusa desde un origen no solo particular, sino desde una condición de lo más baja y abyecta. Este, hijo de un alfarero, fue de costumbres criminales toda su vida. No obstante, acompañó su vileza con tanta virtud de alma y de cuerpo, que, habiendo ingresado en el ejército, se convirtió tras sucesivos ascensos militares en pretor de Siracusa. Tras haber obtenido tal grado, decidió ser príncipe y mantener vio-

11. De his qui per scelera ad principatum pervenere.

lentamente y sin concesiones a los demás lo que por decisión general se le había concedido. Estableció un acuerdo con el cartaginés Amílcar —que guerreaba con su ejército en Sicilia—. Una mañana reunió al pueblo y al senado de Siracusa, como si tuviese que deliberar cosas importantes para la república. Y a una seña convenida hizo que sus soldados asesinasen a todos los senadores y a los más ricos del pueblo. Muertos estos, tomó y detentó el principado de aquella ciudad sin ninguna oposición ciudadana. Y aunque fue derrotado dos veces por los cartagineses y finalmente asediado, no solo pudo defender su ciudad, sino que, dejando parte de sus tropas para la defensa del asedio, con el resto del ejército atacó a África y puso a los cartagineses en tan gran peligro, que se vieron obligados a firmar la paz con él, contentarse con la posesión de África y dejarle Sicilia a Agatocles.

Quien considere, pues, las acciones y la vida de este hombre, no encontrará nada, o muy poco, que pueda atribuirse a la fortuna, ya que —como se ha dicho más arriba— llegó al principado no por el favor de alguno, sino a través del escalafón militar, por el que fue ascendiendo con miles de incomodidades y peligros, y después se mantuvo en el puesto con muchas resoluciones valientes y muy arriesgadas. No se puede, sin embargo, llamar virtud a matar a sus conciudadanos, traicionar a los aliados y no tener palabra, piedad o religión: ese proceder puede valer para conquistar el imperio, pero no la gloria. Porque, si se considera la virtud de Agatocles a la hora de afrontar y superar los peligros, y la grandeza de su ánimo en soportar y superar las adversidades, no se comprende por qué hay que juzgarlo inferior a cualquier otro capitán excelentísimo. Sin embargo, su feroz crueldad e inhumanidad, con los infinitos crímenes, no autorizan a celebrarlo entre los hombres más excelentes. No se puede, pues, atribuir a la fortuna o a la virtud lo que consiguió sin una ni otra.

En nuestro tiempo, durante el papado de Alejandro VI, Oliverotto da Fermo, habiendo quedado huérfano de padre desde muy niño, fue criado por un tío materno suyo, llamado Giovanni Fogliani, y al comienzo de su juventud fue enviado al ejército bajo las órdenes de Paulo Vitegli, para que, empapado del arte militar, llegase a dignidades excelentes en el ejército. Muerto después Paulo, militó a las órdenes de Vitellozzo, su hermano, y en muy poco tiempo, al ser ingenioso y gallardo de ánimo y de cuerpo, llegó a ser el capitán de su ejército. Pero, pareciéndole poca cosa seguir a otros, pensó ocupar Fermo, dicen que con la ayuda de algunos ciudadanos que apreciaban más la esclavitud que la libertad de su patria, y con el favor de Vitellozzo. Y escribió a Giovanni Fogliani que, al haber estado mucho tiempo fuera de casa, quería ir a verle a él y a su ciudad, e inspeccionar de alguna manera su patrimonio; y que ya que no había trabajado en otra cosa que en adquirir honores, para que sus conciudadanos viesen que no había gastado el tiempo vanamente, quería presentarse honrado y acompañado por cien hombres a caballo, entre amigos y servidores; y le rogaba que aceptase con alegría autorizar que fuesen recibidos por los de Fermo con honores; lo que conferiría honra no solo a sí mismo, sino también a él, al ser él su discípulo.

No faltó, pues, Giovanni en ninguna de las obligaciones que debía al sobrino y, habiéndolo hecho recibir con honores por los de Fermo, lo alojó en su casa. Allí, transcurridos algunos días y atento a ordenar secretamente lo que necesitaba para su futuro crimen, hizo un banquete muy solemne, al que invitó a Giovanni Foglia-

ni y a todos los prohombres de Fermo. Una vez concluida la comida y agotados los divertimentos que se acostumbran hacer en tales fiestas, Oliverotto llevó la
conversación con malicia a asuntos delicados, hablando
de la grandeza del papa Alejandro y de su hijo César, y de
sus empresas. Como Giovanni y los otros respondieron
a estos argumentos, él se levantó de repente, diciendo
que aquellas cosas debían tratarse en un lugar más se-
creto; y se retiró a una habitación, a la que le siguieron
Giovanni y todos los otros ciudadanos. Apenas se habían
sentado cuando de unos escondrijos salieron soldados
que mataron a Giovanni y a todos los demás. Después
del homicidio, Oliverotto montó a caballo y recorrió la
ciudad y asedió en el palacio al magistrado supremo, de
tal forma que a causa del miedo se vieron obligados a
obedecerlo y a formar un gobierno del que él se convirtió en príncipe; y asesinados todos aquellos que por estar descontentos lo podían atacar, se fortaleció con nuevas ordenanzas civiles y militares, de forma que al año de
haber conseguido el principado, no solo estaba seguro
en la ciudad de Fermo, sino que llegó a ser temido por
todos los vecinos. Y habría sido tan difícil derrotarle
como a Agatocles, si no se hubiera dejado engañar por
César Borgia cuando apresó a los Orsini y Vitelli en Sinigaglia, como se dijo más atrás; allí, preso también él, un
año después de cometido el parricidio, fue estrangulado
junto con Vitellozzo, que había sido su maestro en la
virtud y en los crímenes.

Alguno podría preguntar por qué Agatocles y otros
semejantes, después de infinitas traiciones y crueldades,
pudieron vivir seguros durante largo tiempo en su patria
y guardarse a la vez de enemigos exteriores, y por qué
sus conciudadanos no conspiraron contra ellos, siendo
así que otros muchos no han podido mantener el estado

por medio de la crueldad, ni en tiempo de paz ni en el tiempo incierto de la guerra. Creo que esto procede del buen o mal uso de las crueldades. Se puede decir que han sido bien usadas —si es lícito decir bien del mal— aquellas que se cometen todas juntas para ganar seguridad, y que una vez en el poder no se continúan, sino que se transmutan en la mayor utilidad posible para los súbditos. Son mal usadas aquellas que, siendo pequeñas al principio, van creciendo con el tiempo. Los que siguen el primer modo, pueden poner remedio a su estado con la ayuda de Dios y de los hombres, como le ocurrió a Agatocles; los otros es imposible que se mantengan en el poder.

Por eso es de observar que, a la hora de conseguir un estado, el ocupante debe considerar todas las ofensas que sean necesarias, y ejecutarlas todas de una vez, para no tener que renovarlas cada día y poder, al no repetirlas, asegurar la voluntad de sus súbditos y ganárselos con beneficios. El que lo hace de otra manera, o por timidez o por mal consejo, siempre necesitará tener la cuchilla en la mano; no podrá jamás apoyarse sobre sus súbditos, al no poder ellos estar seguros de él por las injurias recientes y continuas. Porque las injurias hay que hacerlas todas juntas, dado que ofenden menos cuando se prueban con menor frecuencia; y los beneficios hay que hacerlos poco a poco: así saben mejor. Y por encima de todo el príncipe tiene que obrar de tal forma con sus súbditos que ningún suceso —ya sea malo o bueno— lo haga cambiar; porque, viniendo la necesidad en los tiempos adversos, no estarás a tiempo de hacer el mal, y el bien que hagas entonces no te ayudará, porque creerán que lo haces obligado y no lo agradecerán.

IX

DEL PRINCIPADO CIVIL[12]

Pero vayamos ahora a la otra posibilidad, que es cuando un ciudadano particular accede al principado de su patria, no mediante el crimen o cualquier otra violencia intolerable, sino que llega con el favor de los restantes conciudadanos. Este se puede llamar principado civil: para llegar a él no hace falta ni toda la virtud ni toda la fortuna, sino más bien una astucia afortunada. En resumen: afirmo que se llega a este principado o con el favor del pueblo o con el de los grandes. Porque en toda ciudad se encuentran estas dos clases diferentes de humores, y de esta mezcla nace que el pueblo no quiere ser gobernado ni oprimido por los grandes, y estos quieren mandar y oprimir al pueblo. Y de estas dos pulsiones distintas nace en la ciudad uno de estos tres efectos: o principado o libertad o libertinaje. El principado nace del pueblo o de los grandes, en tanto en cuanto uno u otro grupo tiene ocasión; porque, al ver los grandes que no pueden contener al pueblo, empiezan a incrementar el prestigio de alguno de ellos y lo convierten en príncipe para poder satisfacer su apetito a la sombra de aquel; y el pueblo, al ver que no puede resistir a los grandes,

12. De principatu civili.

aumenta la reputación de uno de ellos y lo hace príncipe para que le defienda con su autoridad.

Quien llega al principado con la ayuda de los grandes, se mantiene en el poder con más dificultad que el que lo hace con la del pueblo, porque se ve príncipe con muchos a su alrededor que creen ser sus iguales; y por esta razón no les puede mandar ni dominar como quiere. Pero el que llega al principado con el favor popular, se encuentra allí solo y no tiene a su alrededor a ninguno, o a muy pocos, que no se hallen prestos a obedecerle. Más allá de esto, no se puede honestamente satisfacer a los grandes sin injuria de otros, pero sí al pueblo, y bien; porque el del pueblo es un fin más honesto que el de los grandes, al querer estos oprimir y aquel no ser oprimido. Además, el príncipe no puede jamás estar seguro del pueblo cuando este se le torna hostil, por tratarse de muchas personas; de los grandes sí puede, al ser estos pocos. Lo peor que puede esperar un príncipe de una masa hostil es que lo abandone; pero de los grandes, cuando se convierten en enemigos, no solo debe temer el abandono, sino también que vayan contra él; porque teniendo estos últimos más vista y más astucia, se anticipan siempre para salvarse y buscan prebendas de quien esperan la victoria. Además, el príncipe necesita vivir siempre con el mismo pueblo, pero puede mantenerse bien sin los mismos grandes, pudiendo nombrarlos y destituirlos a diario, y quitarles y darles la reputación a su gusto.

Y para aclarar mejor esto, digo que se debe proceder con los grandes de dos maneras principales: o se comportan de manera que se les obligue a todo a tu fortuna, o no. Aquellos que se obligan a ti y no son rapaces, se deben honrar y amar. Hay que examinar, en los que no te siguen, dos cosas: o lo hacen por pusilanimidad o por falta natural de carácter —y en esos te debes apoyar, sobre todo en los que sean buenos consejeros, porque en el tiempo próspero te honran y en el adverso no tienes que temerlos—; pero cuando no se obligan a seguirte por arte o por una causa ambiciosa, es señal de que piensan más en ellos que en ti; y el príncipe tiene que protegerse de estos, y temerlos como si fuesen enemigos confesos, porque siempre ayudarán a vencerlo en los momentos difíciles.

Por tanto, el que llega a príncipe gracias al favor del pueblo tiene que conservarlo propicio, lo que le será fácil, al pedir solo aquel que no se le oprima. Pero uno que se hace príncipe con el favor de los grandes y contra el pueblo, antes de nada tiene que intentar ganarse al pueblo, lo que le será fácil si le da protección. Y dado que los hombres, cuando reciben bien de quien esperaban mal, se obligan más a su benefactor, el pueblo se hace partidario suyo más rápidamente que si el príncipe hubiese llegado al poder con su ayuda. Y el príncipe se puede ganar a la masa de muchas maneras: y porque estas varían según las circunstancias, no se pueden dar reglas ciertas, y se dejan aparte. Concluiré señalando solo que el príncipe necesita el favor del pueblo; de otro modo no tendrá ayuda en los momentos adversos. Nabis, príncipe de los espartanos, soportó el asedio de toda Grecia y de un ejército romano victoriosísimo, y defendió frente a ellos su patria y su estado; y le bastó simplemente, al cernerse el peligro, asegurarse de unos pocos; lo que, de haber tenido al pueblo en contra, no le habría bastado.

Y que nadie refute mi opinión con aquel proverbio tan trillado, que dice que quien se apoya en el pueblo, se apoya en el barro; porque esto es verdad cuando un ciudadano particular se apoya en el pueblo y confía en que este lo libere al ser atacado por los enemigos o por los magistrados. En este caso se podrían llamar a engaño, como ocurrió en Roma a los Gracos y en Florencia a micer Giorgio Scali.

Pero si el que se apoya en el pueblo es un príncipe que sabe mandar, y con valor para no estremecerse en los tiempos difíciles, y está bien preparado, y tiene a los suyos animados con su ánimo y sus disposiciones, nunca se encontrará engañado por el pueblo y verá que ha puesto una buena base para el gobierno.

Estos principados suelen peligrar cuando están a punto de pasar del orden civil al absoluto; porque estos príncipes o gobiernan ellos mismos o se sirven de magistrados. En este último caso su estado es más débil y corren más riesgo, porque dependen totalmente de la voluntad de aquellos ciudadanos que han sido elegidos como magistrados. Estos, sobre todo en los tiempos de adversidad, le pueden quitar el estado con gran facilidad, o bien desobedeciendo, o bien sublevándose. Y en esas ocasiones de peligro el príncipe no puede conseguir el poder absoluto, porque los ciudadanos y los súbditos, que reciben habitualmente las órdenes de los magistrados, no están dispuestos a obedecerle en tales circunstancias. Y en los tiempos difíciles habrá pocos en los que pueda confiar. Por ello este tipo de príncipe no puede apoyarse en lo que ve en los tiempos de calma, cuando los ciudadanos necesitan el estado; porque en esos momentos todos corren, todos prometen e incluso alguno se ofrece a morir por él, cuando la muerte está lejos; pero en los tiempos adversos, cuando el estado necesita a los ciudadanos, entonces hay pocos. Y este experimento es tan peligroso, que solo se puede hacer una vez. Por ello un príncipe sabio tiene que pensar una manera para que sus ciudadanos le necesiten tanto a él como al estado en todo momento y en toda circunstancia; entonces siempre le serán fieles.

X

CÓMO HAY QUE MEDIR LAS FUERZAS DE TODOS LOS PRINCIPADOS[13]

Conviene tener en cuenta, al examinar la calidad de estos principados, otro aspecto; y es si el príncipe tiene un estado tan potente que sea capaz, en caso de necesidad, de gobernarse por sí mismo, o si siempre necesitará la ayuda ajena. Y para aclarar mejor esta duda, digo que yo creo que pueden gobernarse por sí mismos los que pueden armar un ejército suficiente y dar batalla a cualquiera que les venga a atacar, ya sea por abundancia de soldados o de dinero. Y de la misma forma, estimo que necesitan siempre a otros los que no pueden enfrentarse militarmente al enemigo, y se ven obligados a refugiarse dentro de las murallas y a defenderse desde esa posición. Del primer caso ya se ha hablado, y más adelante diremos lo que se necesita. En el segundo caso, no se puede hacer nada más que aconsejar a estos príncipes que fortifiquen y abastezcan la propia ciudad y no hagan cuenta de las tierras circundantes. Y el que haya fortificado bien su ciudad y se haya comportado con sus súbditos como se ha dicho más arriba y se dirá después, siempre será atacado con miedo, porque los hombres

13. Quomodo omnium principatuum vires perpendi debeant.

no gustan de las empresas difíciles, y no se encuentra facilidad en asaltar una ciudad cuyo príncipe la conserva fuerte y no es odiado por el pueblo.

Las ciudades de Alemania son muy libres, tienen pocas tierras afectas y obedecen al emperador cuando lo quieren, y no temen ni a este ni a ningún otro poderoso de los alrededores; porque están fortificadas de tal modo que todo el mundo cree que un ataque debe de ser tedioso y difícil, porque todas tienen fosos y murallas adecuadas, tienen bastante artillería, siempre tienen en los comercios públicos materia para comer, beber y calentarse durante un año. Y además de todo esto, para poder tener la grey alimentada y sin coste para el erario, siempre tienen la capacidad para dar trabajo durante un año en los oficios en que radica el vigor y la vida de aquella ciudad, y de estas actividades se alimenta la grey. Además, tienen en buena consideración el ejercicio militar, y en este punto disponen de muchas leyes para conservarlo.

Un príncipe, pues, que tenga la ciudad así dispuesta y que no se haga odiar, no puede ser atacado, y, si por una casualidad lo fuese, saldrían de allí derrotados con vergüenza; porque las situaciones del mundo son tan variables que es imposible poder estar asediando con un ejército ocioso un año entero. Y si uno respondiese: si el pueblo tiene sus posesiones fuera de las murallas y las ve arder, perderá la paciencia, y el asedio prolongado y el interés propio le harán olvidar el amor del príncipe; le respondo que un príncipe prudente y valeroso superará siempre todos estos problemas, asegurando a los súbditos en la esperanza de que los males no durarán mucho tiempo, o haciéndoles temer la crueldad del enemigo, o asegurándose con habilidad de aquellos que le pareciesen más enardecidos. Además, parece lógico que el enemigo queme y arruine los territorios de alrededor al comienzo y en los momentos en que los ánimos de los hombres aún están caldeados y prestos para la defensa. Y por ello el príncipe no debe vacilar, porque cuando algunos días después los ánimos se vayan enfriando, el daño ya estará hecho, se habrá recibido el mal y ya no tendrá remedio. Y entonces todavía se unirán más al príncipe, al pensar que este les estará más obligado, al haber ardido sus casas y haber perdido sus posesiones por haberle defendido. La naturaleza de los hombres es así: quedar obligados a los beneficios que se les hacen tanto como por aquellos que hacen ellos. Por lo que, si se piensa bien todo esto, no es difícil al príncipe prudente mantener firmes, antes y después del asedio, los ánimos de sus ciudadanos, si no faltan víveres y medios para defenderse.

XI

DE LOS PRINCIPADOS ECLESIÁSTICOS[14]

Ahora solo nos queda discurrir sobre los principados eclesiásticos: en estos todos los problemas se presentan antes de poseerlos, porque se consiguen o por virtud o por fortuna, y se mantienen sin una ni otra, porque se sustentan en leyes antiguas de la religión, tan potentes y de tal calidad, que mantienen a sus príncipes en el poder de cualquier forma que procedan o vivan. Únicamente estos tienen estados y no los defienden, tienen súbditos y no los gobiernan. Y los estados, por estar indefensos, no se los quitan; y los súbditos, por no ser gobernados, ni se preocupan, ni piensan enajenarse, ni pueden hacerlo. Solo, pues, estos principados están seguros y felices, pero, al estar regidos por motivos superiores que la mente humana no alcanza, dejaré de hablar de ellos; porque, al haber sido alzados y mantenidos por Dios, sería propio de un hombre presuntuoso y temerario tratar de ellos. Sin embargo, si alguno me preguntase de dónde viene que la Iglesia haya alcanzado tanto poder temporal —siendo así que antes de Alejandro los poderosos italianos, y no solo aquellos que se llamaban poderosos, sino incluso cualquier barón y señor

14. De principatibus ecclesiasticis.

por pequeño que fuera, le concedía poca importancia temporal, y ahora un rey de Francia tiembla ante ella, porque lo ha podido echar de Italia y arruinar a los venecianos—, todo eso, aunque sea conocido, no me parece superfluo hacer memoria de ello.

Antes de que Carlos, rey de Francia, viniese a Italia, esta región estaba bajo el imperio del papa, de los venecianos, del rey de Nápoles, del duque de Milán y de los florentinos. Estos poderosos tenían que tener dos cuidados básicos: uno, que los extranjeros no entrasen en Italia armados; otro, que ninguno de ellos ocupase otros estados. A los que se dedicaba más vigilancia era al papa y a los venecianos; y, para tener a raya a los venecianos, hacía falta la unión de todos los demás, como sucedió en la defensa de Ferrara; y para tener controlado al papa, se valían de los barones de Roma, que estaban divididos en dos bandos, los Orsini y los Colonna: siempre había motivos de litigio entre ellos, y estando siempre en armas ante los ojos del pontífice, mantenían al pontificado debilitado y enfermo. Y aunque alguna vez se levantase un papa animoso, como fue el caso de Sixto, ni la fortuna ni el saber lo pudieron liberar de esta incomodidad. Y la brevedad de su vida era motivo de ello, porque en los diez años que, por término medio, vivía un papa, con dificultad podía aminorar uno de los bandos; y si, por ejemplo, uno casi había acabado con los Colonna, surgía de repente otro, enemigo de los Orsini, que los hacía resucitar, pero sin tiempo para terminar con los Orsini. Esto hacía que las fuerzas temporales del papa tuviesen poca estima en Italia.

Surgió después Alejandro VI, quien demostró, más que ningún otro papa, cuánto podía aventajarse un papa con dinero y con su ejército; e hizo, por medio del duque Valentino y con ocasión de la venida de los franceses, todas las cosas que conté más atrás al hablar de los hechos del duque. Y aunque su intención no fue engrandecer el poder de la Iglesia, sino al duque, al menos lo que hizo contribuyó a la grandeza de la Iglesia, que heredó sus esfuerzos después de su muerte, una vez aniquilado el duque.

Vino después el papa Julio y encontró la Iglesia engrandecida, al tener toda la Romaña y al haber eliminado a los barones de Roma y haber anulado aquellos bandos gracias a los golpes de Alejandro; y todavía halló formas de acumular dinero, algo nunca acostumbrado antes por Alejandro. Julio no solo continuó con esas prácticas, sino que las acrecentó, y pensó en ganar Bolonia y exterminar a los venecianos y expulsar a los franceses de Italia; y todas estas empresas le salieron bien, y con tanta alabanza suya cuanto que hizo todo para aumentar el poder de la Iglesia y no el de un particular. Mantuvo también los bandos de los Orsini y de los Colonna en las condiciones en que los encontró. Y aunque entre ellos hubo algunos cabecillas que pudieron contender, con dos cosas los mantuvo firmes: una, la grandeza de la Iglesia, que los debilitó; otra, no tener ninguno de ellos cardenales, que son origen de luchas entre ellos. Jamás estarán tranquilos ni un momento estos bandos mientras tengan cardenales, porque estos alimentan, tanto en Roma como fuera de ella, a sus partidarios, y los barones se ven forzados a defenderlos; y así, a causa de la ambición de los prelados nacen las discordias y los tumultos entre los barones.

Su santidad el papa León ha encontrado, pues, un pontificado poderosísimo; de este se espera que, si aquellos lo hicieron grande con las armas, él con la bondad y con otras infinitas virtudes suyas lo haga grandísimo y digno de veneración.

XII

DE CUÁNTAS SON LAS CLASES
DE LA MILICIA, Y ACERCA DE
LOS SOLDADOS MERCENARIOS[15]

Tras haber expuesto pormenorizadamente las cualidades de aquellos principados de los cuales al principio me propuse tratar, y tras haber considerado en parte los motivos de su buena y de su mala situación, y tras haber mostrado los modos mediante los que muchos han intentado conseguirlos y mantenerlos, me queda por abordar ahora en términos generales las tácticas de ofensa y de defensa que en cada uno de todos esos estados pueden suceder. Ya hemos dicho más atrás que el príncipe necesita tener buenos fundamentos; de otro modo, se arruinará sin remedio. Los fundamentos básicos que tienen todos los estados, tanto nuevos como viejos o mixtos, son las buenas leyes y los buenos ejércitos; y porque no puede haber buenas leyes si no hay buenos ejércitos, y donde hay buenos ejércitos conviene que haya buenas leyes, dejaré las leyes y hablaré ahora de la milicia.

Digo, pues, que las tropas con las que un príncipe defiende su estado o son propias o son mercenarias, o

15.   Quot sunt genera militiae et de mercenariis militibus.

auxiliares, o mixtas. Las mercenarias y auxiliares son inútiles y peligrosas, y si uno funda su estado sobre tropas mercenarias, nunca estará tranquilo ni seguro, porque están desunidas, son ambiciosas, sin disciplina, sin fidelidad, valientes cuando hay paz, cobardes entre los enemigos, ni temerosas de Dios, ni fieles a los hombres; y se aplaza la derrota cuanto tarda en empezar la batalla; y en la paz te expolian ellas, en la guerra los enemigos. La razón de esto es que no tienen otro interés ni otro motivo para estar en el campo que un montón de dinero, que ni siquiera basta para que quieran morir por ti. Desean vehementemente ser soldados tuyos mientras no declaras la guerra; pero, tan pronto la declaras, o huyen o se marchan. Convencer de esto cuesta poco trabajo, porque no otra cosa ha causado la ruina de Italia sino haber estado durante largo tiempo apoyada en tropas mercenarias. Estas tropas lograron algo manejadas por algunos, y parecían valientes entre ellas mismas; pero tan pronto irrumpieron en Italia los extranjeros demostraron lo que valían. Por ello Carlos, rey de Francia, pudo conquistar Italia con la tiza; y decía la verdad quien aseguraba que la causa de todo ello eran nuestros pecados, pero no se trataba de los pecados que él creía, sino de estos que yo he contado; y como eran pecados de príncipes, también ellos han sufrido las penas.

Quiero demostrar mejor la ineficacia de estas tropas. Los capitanes mercenarios o son hombres excelentes o no: si lo son, no puedes confiar en ellos, porque siempre aspirarán a su propia grandeza, o a vencerte a ti —para ser ellos jefes— o a vencer a otros lejos de tu intención; pero si el capitán no es virtuoso, lo normal es que te arruine. Y si me respondes que cualquiera que maneje armas hará esto mismo, tanto si es mercenario como si no, te responderé cómo deben manejar las armas un príncipe o una república. El príncipe tiene que ir personalmente y hacer él de capitán; la república debe mandar a sus ciudadanos, y cuando manda uno que no se atreve a ser valiente, debe cambiarlo; y cuando lo es, mantenerlo con las leyes para que no se pase de la raya. Y vemos por experiencia progresar muchísimo a los príncipes solos y a las repúblicas armadas, y que las tropas mercenarias no hacen sino daño; y más difícilmente se reduce a la obediencia de un ciudadano una república armada de tropas propias que la que armó con tropas externas.

Roma y Esparta vivieron muchos siglos armadas y libres. Los suizos están muy armados y viven muy libres. Entre los ejemplos de tropas mercenarias antiguas están los cartagineses, que a punto estuvieron de terminar siendo dominados por sus soldados de fortuna, una vez concluida la primera guerra contra los romanos, aunque los cartagineses tuviesen capitanes de entre sus propios ciudadanos. Filipo de Macedonia, tras la muerte de Epaminondas, fue nombrado capitán por los tebanos, y después de la victoria les quitó la libertad.

Los milaneses, muerto el duque Filipo, contrataron a Francesco Sforza contra los venecianos; este, vencidos los enemigos en Caravaggio, se alió con ellos para atacar a los milaneses, sus jefes. Sforza, su padre, cuando estaba a sueldo de la reina Giovanna de Nápoles, la desarmó repentinamente; por lo que ella, para no perder el reino, tuvo que echarse en los brazos del rey de Aragón. Y si los venecianos y florentinos han acrecentado en el pasado su imperio con estas tropas, y sus capitanes no se han hecho príncipes después, sino que incluso los han defendido, a esto respondo que los florentinos en este caso se han visto favorecidos por la suerte, porque de los capitanes valientes de los que podían temer, unos no han vencido, otros han encontrado oposición y algunos otros han dirigido su ambición hacia otro sitio. El que no venció fue Giovanni Aucut, cuya lealtad, al no haber triunfado, no se pudo conocer; pero cualquiera reconocerá que, de haber vencido, los florentinos habrían estado a su arbitrio. Sforza siempre tuvo como contrincantes a los partidarios de Braccio, y se vigilaron mutuamente. Francesco dirigió su ambición hacia Lombardía; Braccio, contra la Iglesia y el reino de Nápoles.

Pero vengamos a lo acontecido hace poco tiempo. Los florentinos hicieron capitán a Paulo Vitelli, hombre prudentísimo y que, siendo originalmente un particular, había adquirido grandísima reputación; si hubiese atacado Pisa, nadie se atreverá a negar que habría resultado conveniente para los florentinos depender de él; porque, si se hubiese pasado al enemigo, no tenían remedio; y si los florentinos lo conservaban, tenían que obedecerle. Si se consideran los progresos de los venecianos, se verá que ellos estuvieron seguros y mantuvieron la gloria mientras hicieron la guerra con sus propios medios —que fue antes de que se volviesen con sus empresas hacia tierra firme—, donde con nobles y con la plebe armada obraron virtuosísimamente; pero tan pronto empezaron a guerrear en tierra firme abandonaron este modo virtuoso de combatir y siguieron las costumbres italianas de guerra. Y al principio de su expansión terrestre, por no haber estado mucho tiempo allí y por tener gran reputación, no tenían que temer mucho de sus capitanes. Pero tan pronto extendieron su dominio, que fue bajo el mando de Carmignola, se dieron cuenta de este error: porque viéndolo virtuosísimo cuando vencieron y tuvieron a su merced al duque de Milán, y viendo por otro lado que se había enfriado en la guerra, estimaron que ya no podrían vencer con él, porque no lo deseaba, y que no podían licenciarlo para no perder de nuevo lo que ya habían conquistado; por todo ello, se vieron en la obligación de matarlo, para asegurarse de él.

Después tuvieron como capitanes a Bartolomeo de Bérgamo, a Roberto de San Severino, al conde de Pitigliano y otros semejantes, con los cuales debían temer las pérdidas, no sus ganancias; como ocurrió después en Vailate, donde perdieron en un día lo que con tanto trabajo habían conquistado en ochocientos años; porque de estos ejércitos nacen solo las conquistas lentas, tardías y débiles, así como las derrotas repentinas y asombrosas.

Y porque he llegado con estos ejemplos a Italia, que ha estado gobernada muchos años por tropas mercenarias, quiero razonar desde el principio, para que, una vez visto el origen y el desarrollo de aquellas, se puedan reorganizar mejor. Tenéis entonces que saber que, dado que en estos últimos tiempos el Emperador empezó a ser expulsado de Italia y dado que el poder temporal del papa ha ido ganando mayor reputación, Italia se ha dividido en más estados, porque muchas de las grandes ciudades se levantaron en armas contra los nobles —quienes anteriormente, favorecidos por el Emperador, las tenían oprimidas— y la Iglesia las favorecía para aumentar su poder temporal; y en otras muchas, ciudadanos particulares se convirtieron en príncipes. De lo que resultó que, habiendo caído casi toda Italia en poder de la Iglesia y de algunas repúblicas, y no estando acostumbrados a las armas aquellos curas y aquellos otros ciudadanos, empezaron a dar soldada a los extranjeros. El primero que dio reputación a este ejército fue Alberigo di Conio, romañolo: de la disciplina de este aprendieron entre otros Braccio y Sforza, que en sus tiempos fueron árbitros de Italia. Después de este, vinieron todos los demás que han gobernado estos ejércitos hasta nuestros días; y el final de su virtud ha sido que Italia ha sido pirateada por Carlos, depredada por Luis, forzada por Fernando e insultada por los suizos.

El método que han seguido para ganar prestigio propio ha sido, en primer lugar, quitar la reputación a la infantería para dársela a ellos mismos. Lo hicieron así porque, estando sin estado y sometidos a la soldada, un escaso número de soldados no les granjeaban reputación y tampoco podían mantener a muchos. Por ello se limitaron a la caballería, donde podían mantener y honrar a un número que resultase soportable; y se redujeron las cosas hasta el término de que en un ejército de veinte mil soldados no había dos mil infantes. Además, habían desarrollado otro sistema para alejar de sí y de los soldados el miedo y el cansancio: no mataban al enemigo en las escaramuzas, sino lo encarcelaban y no pedían rescate; no atacaban por la noche ni los del campo asaltaban sus tiendas; no cavaban fosos ni levantaban empalizadas alrededor del campamento; no hacían la guerra durante la estación invernal. Y sus ordenanzas militares permitían todo esto, ideadas para ahuyentar —como se ha dicho— el cansancio y los peligros. Tanto ha sido así, que han dejado a Italia esclava y vituperada.

XIII

DE LAS TROPAS AUXILIARES, MIXTAS Y PROPIAS[16]

Las tropas auxiliares, que son otra clase de armas inútiles, son aquellas que tienes cuando llamas a un poderoso que te venga a defender con sus tropas, como hizo hace poco el papa Julio, quien, al haber comprobado en la empresa de Ferrara el triste resultado de sus tropas mercenarias, recurrió a las auxiliares; y convino con Fernando, rey de España, que le ayudase con su gente y con sus ejércitos. Estas tropas pueden ser en sí buenas y útiles, pero para quien recurre a ellas casi siempre son perjudiciales; porque, si pierdes, quedas deshecho; y si ganas, quedas hecho su prisionero. Y aunque las historias antiguas están llenas de ejemplos de este tipo, no me quiero distanciar de este ejemplo próximo de Julio II, cuya resolución no pudo ser menos acertada: ponerse en manos de un extranjero para conseguir Ferrara. Pero su buena fortuna hizo surgir una tercera cuestión, de forma que no recogiese el fruto de su mala elección; y es que, habiendo sido derrotadas en Rávena sus tropas auxiliares, y habiendo aparecido los suizos, que expulsaron a los vencedores sin esperarlo ni él ni los

16.   De militibus auxiliariis, mixtis et propriis.

demás, logró no ser prisionero de los enemigos, que habían huido, ni de sus tropas auxiliares, al haber vencido él con otras tropas y no con ellas. Los florentinos, estando desarmados del todo, llevaron diez mil franceses a Pisa para atacarla, en lo que pasaron más peligros que en cualquier otro tiempo adverso. El Emperador de Constantinopla, para oponerse a sus vecinos, introdujo en Grecia diez mil turcos, que no se quisieron marchar de allí una vez acabada la guerra: lo que fue el inicio de la esclavitud de Grecia bajo los infieles.

Entonces, solo el que no quiera vencer que se valga de estas tropas, porque son mucho más peligrosas que las mercenarias. Porque en estas la conjuración está hecha, están todas unidas, todas enfocadas a la obediencia de los otros; pero para que te ataquen las mercenarias, habiendo vencido, hace falta ocasión más adecuada, más tiempo, al no formar todas un cuerpo único y por haber sido reclutadas y pagadas por ti; en ellas, una tercera persona que tú hagas jefe no puede reunir con rapidez suficiente autoridad para atacarte. En resumen: en los ejércitos mercenarios es más peligrosa la indolencia; en los auxiliares, la virtud. Por lo tanto, un príncipe sabio siempre huye de estas tropas y se sirve de las suyas propias, y ha deseado más perder con los suyos que vencer con los demás, al estimar que no es una victoria auténtica la que se logra con tropas ajenas.

No vacilaré jamás en alegar el ejemplo de César Borgia y de sus acciones. Este duque entró en la Romaña con tropas auxiliares, llevando allí a la gente francesa, y con ellas tomó Imola y Forlí; pero, no pareciéndole después seguras aquellas tropas, se encomendó a las mercenarias, pensando que había en ellas menos peligro, y contrató a los Orsini y Vitelli. Después, al tratar con estos, los encontró dudosos, desleales y peligrosos, los despidió y recurrió de nuevo a las propias. Se puede ver fácilmente qué diferencia hay entre estos dos tipos de ejércitos, si se analizan las diferencias de la reputación del duque cuando tenía solo franceses, cuando tuvo a los Orsini y Vitelli, y cuando se quedó solo con sus soldados de forma independiente: y se verá siempre acrecentada, y que nunca fue tan estimado como cuando era el señor absoluto de su ejército.

No me quiero alejar de los ejemplos italianos y recientes. Sin embargo, no quiero dejar atrás el de Hierón de Siracusa, al haber sido uno de los mencionados por mí antes. Este, como ya dije, convertido por los sicilianos en jefe del ejército, comprendió rápidamente que aquella tropa mercenaria no era útil, porque elegían entonces a los capitanes como a los italianos ahora; y pensando que no los podía conservar ni licenciar, hizo despedazar a todos, y más tarde combatió con sus tropas y no con las ajenas. Quiero ahora traer a la memoria otra figura del Antiguo Testamento, que parece hecha a este propósito. Habiéndose ofrecido David al rey Saúl para ir a combatir con Goliat, filisteo desafiante, Saúl le dio sus armas para animarle; y David, tan pronto se las hubo puesto, las rechazó, diciendo que con ellas no se podía valer bien por sí mismo; y que, sin embargo, quería enfrentarse al enemigo con su honda y con su cuchillo. En fin: las armas de otro o se te caen o te pesan o te aprietan.

Carlos VII, padre del rey Luis XI, habiendo liberado a Francia de los ingleses con su fortuna y su virtud, supo de esta necesidad de armarse con tropas propias, y estableció en su reino las órdenes de caballería y de infantería. Después, su hijo el rey Luis disolvió la infantería y comenzó a servirse de suizos a sueldo; error que, seguido de otros, es, como se ve ahora mismo, motivo de los peligros de aquel reino; porque, al haber dado prestigio a los suizos, envileció toda su tropa, ya que desmochó del todo la infantería y obligó a la caballería a la virtud de otros, dado que esta, habiéndose acostumbrado a guerrear al lado de los suizos, no pensaba que pudiese vencer sin su concurso. De donde resulta que los franceses no pueden contra los suizos y, sin ellos, tampoco pueden contra los restantes. Han sido, pues, mixtos los ejércitos de Francia, en parte mercenarios y en parte propios; tropas que tomadas en conjunto son mucho mejores que las solo auxiliares o solo mercenarias, y muy inferiores a las propias. Y baste el ejemplo dado, porque el reino de Francia habría sido invencible, si las ordenanzas militares de Carlos se hubiesen preservado o acrecentado; pero la poca prudencia de los hombres empieza cosas que, al tener un sabor agradable al principio, no se aprecia el veneno que contienen, como dije más arriba de la tuberculosis. Por todo ello, el que no conoce los males de un principado cuando nacen, no es sabio de verdad; y esto lo alcanzan pocos. Y si se analizase la primera causa de la pérdida del Imperio romano, se verá de forma clara haber sido tan solo el haber contratado a sueldo a los godos, porque desde entonces comenzaron a debilitarse las fuerzas del imperio, y toda aquella virtud que se le quitaba a él se daba a otros.

Concluyo entonces que, sin tener ejércitos propios, no hay un principado seguro, y así queda a merced de la fortuna, no habiendo virtud que lo defienda con lealtad en las adversidades; y siempre fue sentencia y opinión de los hombres sabios que no hay cosa tan poco firme o inestable como la fama del poder que no se apoya en su fuerza.[17]

---

17. En latín en el original: «quod nihil sit tam infirmum aut instabile quam fama potentiae non sua vi nixa». Es un recuerdo de Tácito (*Annales*, XIII, 19).

Y los ejércitos propios son los que se componen o de súbditos, o de ciudadanos, o de vasallos tuyos; todos los otros son o mercenarios o auxiliares; y será fácil hallar la manera de organizar los ejércitos propios, si se examinan atentamente las ordenanzas de los cuatro personajes ya citados, y si se ve cómo se armó Filipo, padre de Alejandro Magno, y cómo se armaron y organizaron muchas repúblicas y príncipes: a estas ordenanzas me remito completamente.

XIV

QUÉ CONVIENE HACER AL PRÍNCIPE EN RELACIÓN CON LA MILICIA[18]

No debe, pues, el príncipe tener otro objeto, ni otro pensamiento, ni tomar otra arte por suya que no sea la guerra y las maneras y la disciplina de ella, porque esta es la única arte que incumbe al que manda; y es de tanta virtud, que no solo conserva en el poder a los que han nacido príncipes, sino que muchas veces hace que lleguen a esa dignidad hombres que nacieron ciudadanos particulares. Y, al contrario, se ve que cuando los príncipes han pensado más en las dulzuras que en las armas, han perdido su estado; y el primer motivo de perderlo es desatender esta arte, y la causa que te lleva a conseguirlo es ser maestro de esta arte. Francesco Sforza, por haberse armado, llegó a ser duque de Milán desde una condición de particular; sus hijos, por haber huido de las incomodidades de las armas, descendieron a ciudadanos particulares, habiendo sido duques. Porque, entre los otros males que te acarrea, estar desarmado te hace despreciable, que es uno de los baldones de los que el príncipe se debe guardar, como se dirá más abajo. Porque de uno armado a uno desarmado no hay compa-

18. Quod principem deceat circa militiam.

ración, y no es de esperar que quien está armado obedezca voluntariamente al que está desarmado, ni que el desarmado esté seguro entre inferiores armados; porque existiendo en el uno desdén y en el otro sospecha, no es posible que funcionen bien juntos. Mas un príncipe que no se ocupa de la milicia, además de otras desgracias, como ya se ha dicho, no puede ser estimado por sus soldados, ni puede fiarse de ellos.

Por lo tanto, jamás debe apartar el pensamiento del ejercicio de la guerra, y en tiempo de paz se debe ejercitar en él más que en la propia guerra, lo que puede hacer de dos maneras: una, con obras; otra, mentalmente. Por lo que hace a las obras, además de tener bien ordenados y ejercitados a los suyos, debe practicar frecuentemente la caza, y así acostumbrar el cuerpo a las incomodidades, y a la vez aprender la naturaleza del terreno, y saber cómo se elevan los montes, cómo se enfilan los valles, cómo se extienden las planicies, y comprender la naturaleza de ríos y lagos; y debe poner en esto muy gran cuidado. Este conocimiento es útil de dos maneras: primero, se aprende a conocer su región, y puede enfocar mejor la defensa; después, por medio del conocimiento y de la frecuentación de aquellos lugares, entiende fácilmente cualquier otro lugar que le sea necesario estudiar; porque las colinas, los valles, las planicies, los ríos y los lagos que hay, por ejemplo, en Toscana, tienen algunas semejanzas con los de las otras provincias, de manera que del conocimiento de los emplazamientos de una región se puede deducir el de las otras. Y el príncipe que carece de esta habilidad, está falto también de la primera cualidad que debe tener un capitán, porque ella te enseña a rastrear al enemigo, encontrar los alojamientos, conducir los ejércitos, ordenar las jornadas, asediar la tierra con ventaja.

Uno de los elogios que le atribuyen los historiadores a Filipómenes, príncipe de los aqueos, es que en tiempo de paz no pensaba nunca más que en las formas de la guerra; y cuando estaba en el campo se detenía frecuentemente con sus amigos y discutía con ellos: «Si los enemigos estuviesen en aquella colina y nosotros nos encontrásemos aquí con nuestro ejército, ¿qué nos daría ventaja? ¿Cómo podríamos marchar, manteniendo la formación, a su encuentro? Si quisiésemos retirarnos, ¿cómo tendríamos que hacer? Si ellos se retirasen, ¿cómo les seguiríamos?». Y les planteaba, caminando, todas las situaciones que pueden surgir a un ejército; escuchaba la opinión de los amigos, exponía la suya, la confirmaba con las razones; de tal forma que, debido a estas reflexiones continuas, no podía jamás, cuando él guiaba al ejército, surgir un imponderable para el que él no tuviese solución.

Por lo que hace al ejercicio de la mente, el príncipe debe leer los libros de historia, y reflexionar en ellos acerca de las acciones de los hombres insignes, ver cómo se han gobernado en las guerras, examinar las causas de las victorias y de las derrotas, para poder evitar estas e imitar aquellas, y por encima de todo hacer como ha hecho cualquier hombre excelente en el pasado: si alguno antes que él ha sido alabado y glorificado, de aquel ha tenido siempre a mano los gestos y las acciones; como se dice que Alejandro Magno imitaba a Aquiles, César a Alejandro y Escipión a Ciro. Y cualquiera que lee la vida de Ciro escrita por Jenofonte, reconoce después en la vida de Escipión cuánta gloria le dio la imitación, y de qué manera en la castidad, amabilidad, humanidad y liberalidad, Escipión se amoldó a lo que Jenofonte había escrito de Ciro.

Un príncipe sabio debe comportarse de esta manera, y jamás debe estar ocioso en tiempo de paz, sino que debe atesorar capital para poder valerse de él en la adversidad, a fin de que la fortuna, cuando se dé la vuelta, lo encuentre preparado para soportar sus golpes.

XV

ACERCA DE LAS COSAS POR LAS QUE SON ALABADOS O VITUPERADOS LOS HOMBRES, Y ESPECIALMENTE LOS PRÍNCIPES[19]

Queda ahora por ver cuáles deben ser los modos y gobierno del príncipe con los súbditos y con los amigos. Y porque sé que muchos han escrito ya de este asunto, dudo, al tratarlo yo ahora, si no seré tenido por presuntuoso, sobre todo porque me alejo, al analizar la materia, de los razonamientos de otros. Pero, al ser mi intención escribir cosas útiles a quien las lea, me ha parecido más conveniente ir derecho a la verdad concreta de la materia más que a la imaginación. Y muchos han diseñado repúblicas o principados que nadie ha visto jamás ni se ha sabido que hayan existido. Porque hay tanta distancia de cómo se vive a cómo se debería vivir, que el que deja lo que se hace por lo que se debería hacer aprende más rápidamente la ruina que su conservación, porque un hombre que quiere hacer siempre el papel de bueno, es obligatorio que se arruine entre tantos que no lo son. Por lo que es necesario, si el príncipe se quie-

19.   De his rebus quibus homines et praesertim principes laudantur aut vituperantur.

re mantener en el poder, aprender a poder no ser bueno, y hacerlo o no según la necesidad.

Dejando de lado, entonces, las cosas imaginadas acerca del príncipe, y tratando aquellas que son verdad, digo que todos los hombres, cuando se habla de ellos, y sobre todo los príncipes, al estar en situación más elevada, son notados de algunas de estas cualidades, que les granjean o culpa o alabanza. Vale decir, que alguno es tenido por liberal, otro por tacaño —empleando un término toscano, porque avaro en nuestra lengua es el que desea tener mediante la rapiña; nosotros llamamos tacaño a quien se abstiene demasiado de gastar lo suyo—; uno por generoso, otro por codicioso; uno por cruel, otro por piadoso; uno por perjuro, otro por fiel; uno por afeminado y pusilánime, otro por feroz y animoso; uno por comprensivo, otro por soberbio; uno por lascivo, otro por casto; uno por franco, otro por astuto; uno por severo, otro por fácil; uno por grave, otro por ligero; uno por religioso, otro por incrédulo, y así. Y yo sé que todos admitirán que sería cosa muy loable que en un príncipe se encontrasen, de todas las cualidades escritas, las que son tenidas por buenas. Pero dado que no se pueden tener todas ni guardarlas en su totalidad, porque la naturaleza humana no lo consiente, hay que ser tan prudente como para saber evitar la infamia de aquellos vicios que te arrancarían el estado, y saber guardar las cualidades que no te lo quitan, si es posible; pero no pudiendo, se puede dejar pasar con menos escrúpulo. Y aún más, que no se preocupe de caer en la infamia de aquellos defectos sin los cuales difícilmente puede salvar el estado; porque, si se piensa bien, hallará algunas cosas que le parecerán virtud, y si se atuviese a ellas, sería su perdición; y algunas otras que parecerán vicios, y siguiéndolas nacerá de ellas su seguridad y su bienestar.

XVI

ACERCA DE LA GENEROSIDAD
Y DE LA PARSIMONIA[20]

Volviendo entonces a las primeras cualidades escritas más arriba, digo que sería bueno ser tenido por liberal. Sin embargo, la liberalidad, practicada de forma que seas tenido por tal, te perjudica; porque si la empleas virtuosamente y como se debe, de forma que no se note, no te quitará la infamia de su contraria; si se quiere mantener entre los hombres la fama de liberal, hace falta no olvidar ningún rasgo de suntuosidad, de forma que un príncipe así acostumbrado consumirá todas las riquezas personales en ese tipo de obras. Y al final necesitará, si quiere mantener esa fama, gravar al pueblo de forma extraordinaria y ser rígido y hacer todo aquello que pueda para conseguir dinero; lo que empezará a volverlo odioso a sus súbditos, o al menos lo apreciarán poco, y se convertirá al fin en pobre. De forma que, habiendo ofendido con su liberalidad a muchos y habiendo premiado a pocos, sentirá la primera estrechez y caerá a la primera ocasión; y si entiende esto y quiere retroceder, da de golpe en fama de miserable. El príncipe entonces, al no poder recurrir sin daño a esta virtud de la liberali-

20.   De liberalitate et parsimonia.

dad de manera reconocida, debe, si es prudente, no tener miedo de la fama de miserable; porque con el paso
del tiempo será tenido por liberal, al ver la gente que,
con su moderación, sus ingresos le alcanzan, puede defenderse de los que le hacen guerra y puede acometer
sus empresas sin gravar al pueblo. Así se convierte en liberal para aquellos a los que no quita nada, que son innumerables, y miserable a todos aquellos a quienes no
les da, que son pocos.

En nuestra época no hemos visto hacer grandes cosas sino a aquellos que son tenidos por miserables; los
otros han fracasado. El papa Julio II, que se valió de la
fama de liberal para llegar al papado, no pensó después
mantener esa fama, para poder hacer la guerra. El actual
rey de Francia ha podido hacer tantas guerras sin impo-
ner un tributo extraordinario a su gente, solo porque a
los gastos superfluos ha acompañado de una gran moderación. El actual rey de España, si hubiese sido tenido
por liberal, no habría acometido tantas empresas, ni habría vencido en ellas. Por lo tanto un príncipe no debe
preocuparse mucho —para no tener que robar a sus súbditos, para poder defenderse, para no empobrecerse y
para no volverse rapaz— de caer en fama de miserable,
porque este es uno de los defectos que le permiten reinar. Y si alguno dijese: «César llegó al Imperio mediante
la liberalidad, y otros muchos, por haber sido y por haber
sido tenidos por liberales, han llegado a grandes dignidades», le respondo: o tú eres ya príncipe o estás a punto de
ganar el principado. En el primer caso esta liberalidad es
dañosa; en el segundo, es absolutamente necesario ser y
ser tenido por liberal. César era uno de los que quería
acceder al principado de Roma; pero si, una vez que llegó a él, hubiese sobrevivido y no se hubiese contenido en
aquellos gastos, habría destruido aquel Imperio.

Y si alguno replicase: «Ha habido muchos príncipes que han hecho grandes cosas con sus ejércitos, y que han sido tenidos por muy liberales», te respondo: o el príncipe gasta de su haber y del de sus súbditos, o del de los otros. En el primer caso, debe ser parco; en el segundo, no debe dejar pasar alguna porción de liberalidad. Y el príncipe que va con sus ejércitos y que se nutre de botines, de saqueos y de rescates, gasta lo ajeno, y le es necesaria esta liberalidad porque de otra manera no sería secundado por sus soldados. Y puedes ser generoso con lo que no es tuyo o de tus súbditos, como lo fueron Ciro, César y Alejandro, porque gastar lo ajeno no te resta prestigio sino que te lo aumenta: gastar lo tuyo es lo único que te perjudica. Y no hay cosa que se consuma a sí misma tanto como la liberalidad: mientras la practicas pierdes la oportunidad de seguir usándola, y te conviertes o en pobre y despreciable, o, para escapar de la pobreza, en rapaz y odioso. Y entre todas las cosas de que un príncipe se debe guardar está la de ser despreciable u odioso, y la liberalidad te lleva a ambas. Por lo tanto es más sabio mantenerse en la fama de miserable, que causa infamia pero no odio, que ganar reputación de rapaz por querer fama de liberal, lo que te genera una infamia con odio.

XVII

ACERCA DE LA CRUELDAD Y DE LA PIEDAD; Y DE SI ES MEJOR SER AMADO QUE SER TEMIDO, O AL CONTRARIO[21]

Pasando ahora a las otras cualidades ya indicadas, digo que todo príncipe debe querer ser tenido por piadoso y no por cruel; no obstante, debe vigilar para no usar mal esta compasión. César Borgia fue considerado cruel; sin embargo, esa crueldad había atacado la Romaña, la había unificado, y la había convertido en pacífica y leal. Si se considera bien esto, se verá que fue mucho más piadoso que el pueblo florentino, que, para escapar de la fama de cruel, dejó que se destruyese Pistoia. El príncipe, por lo tanto, no debe preocuparse de la reputación de cruel para tener unidos a sus súbditos y mantenerlos fieles; porque con poquísimos ejemplos será más piadoso que aquellos que a causa de la excesiva compasión dejan que los disturbios continúen, de lo que surgen asesinatos o robos; porque estos suelen ofender a la ciudadanía toda, y las ejecuciones ordenadas por el príncipe ofenden solo a un particular. Y de entre todos los príncipes, al príncipe nuevo le es imposible

---

21. De crudelitate et pietate; et an sit melius amari quam timeri, vel e contra.

escapar al renombre de cruel, porque los estados nuevos abundan en peligros. Y Virgilio pone en boca de Dido:

> Res dura, et regni novitas me talia cogunt
> moliri, et late fines custode tuerit.[22]

Sin embargo, debe ser cauto en sus opiniones y movimientos, no tener miedo de sí mismo, y proceder de tal modo, atemperado con la prudencia y la humanidad, que la excesiva confianza no lo haga incauto y la desconfianza excesiva no lo haga insoportable.

De todo esto nace una controversia: si es mejor ser amado que temido, o al contrario. Se responde que se querría ser lo uno y lo otro; pero dado que resulta difícil reunir las dos condiciones juntas, es mucho más seguro ser temido que amado, si te tiene que faltar una de las dos. Porque de los hombres se puede decir que, en términos generales, son ingratos, volubles, falsos, simuladores y disimuladores, que huyen los peligros y que son ambiciosos de dinero; y que mientras les haces bien, te siguen totalmente y te ofrecen su sangre, sus bienes, la vida y los hijos —como dije más arriba—, cuando la necesidad se siente lejos; pero cuando esta se acerca, se rebelan. Y el príncipe que se ha creído totalmente sus palabras, al carecer de otro tipo de apoyos, se pierde. Porque las amistades que se adquieren con dinero, y no con grandeza y nobleza de ánimo, se compran, pero no se tienen, y en los tiempos difíciles no se pueden rentabilizar. Y los hombres se lo piensan menos a la hora de ofender a uno que se hace amar que al que se hace temer;

---

22.   «Las condiciones difíciles y la novedad del reino me obligan a usar estos medios y a custodiar todas las fronteras» (Virgilio, *Eneida*, I, 563-564).

porque el amor es un vínculo de obligación que, al ser los hombres malos, se rompe a la mínima ocasión frente a la utilidad propia, pero el temor procede de un miedo al castigo que no te abandona jamás.

Debe, no obstante, el príncipe hacerse temer de manera que, si no logra el afecto, que al menos evite el odio, porque es mucho mejor reunir las dos condiciones: ser temido pero no odiado. Esto lo conseguirá siempre que se abstenga de los bienes de sus ciudadanos y de sus súbditos y de las mujeres de estos. Y cuando por casualidad le haga falta ajusticiar a alguno, debe hacerlo cuando tenga una justificación conveniente y una causa clara. Pero especialmente debe evitar coger los bienes de los demás, porque los hombres olvidan más rápidamente la muerte del padre que las pérdidas patrimoniales. Además, nunca faltan motivos para arrebatar los bienes ajenos, y el que comienza a vivir del robo siempre halla motivos para confiscar lo ajeno; y por el contrario, los razones para ajusticiar son más extrañas y faltan antes.

Pero si el príncipe está con las tropas y tiene bajo su mando gran cantidad de soldados, entonces es totalmente necesario hacer caso omiso de la fama de cruel, porque sin esta reputación no se mantiene ningún ejército ni se logra que esté dispuesto a ninguna operación militar. Entre los hechos admirables de Aníbal se cuenta este: que, teniendo un grandísimo ejército, que mezclaba muchos tipos de hombres, habiendo ido a guerrear en tierra ajena, no surgió nunca en él la discordia, ni entre los soldados ni contra el príncipe, tanto en la buena como en la mala fortuna. Lo que no podía nacer de otra cosa que de su crueldad inhumana que, unida a sus grandes virtudes, hizo que sus soldados lo temiesen y lo amasen siempre. Y sin la crueldad, necesaria para lograr este efecto, todas sus otras virtudes no le habrían bastado; y los historiadores, en este punto poco reflexivos, por una parte admiran sus acciones, pero por otra condenan la principal razón de ellas.

Y que es cierto que las restantes virtudes no le habrían bastado, se puede ver en el ejemplo de Escipión —rarísimo no solo en su época, sino en todos los relatos de las cosas conocidas—, a quien se le rebelaron las tropas en España, lo que no nació más que de su excesiva compasión, que había concedido a sus soldados más libertades de las que convenía a la disciplina militar. Quinto Fabio Máximo, que le llamó corruptor del ejército romano, le echó esto en cara en el Senado. Los locrios, que habían sido vencidos por uno de los legados de Escipión, no fueron vengados por él ni él corrigió la insolencia del legado, y todo ello nació de su naturaleza indulgente; de tal forma que, queriendo alguno excusarlo en el Senado, dijo que había muchos hombres que sabían mejor no equivocarse que corregir sus errores. Esa condición natural habría terminado, con el tiempo, deshonrando la fama y la gloria de Escipión, si él hubiese continuado gobernando con ella durante mucho tiempo; pero, al estar bajo el mando del Senado, esta condición perniciosa no solo no prosperó, sino que le fue motivo de gloria.

Concluyo, entonces, volviendo a lo de ser temido y amado, que dado que los hombres aman a su voluntad y temen la del príncipe, un príncipe sabio debe apoyarse en lo que es suyo, no en lo que es ajeno. Debe ingeniárselas solamente para evitar el odio, como se ha dicho.

XVIII

DE QUÉ MANERA DEBEN LOS PRÍNCIPES MANTENER LA PALABRA DADA[23]

Cualquiera sabe cuán loable es en un príncipe mantener la palabra dada y vivir con integridad, y no con astucia. No obstante, vemos por experiencia en nuestra época a ciertos príncipes que han hecho grandes cosas, que han tenido poca cuenta de la palabra dada y que han sabido ganarse las mentes de los hombres con astucia, y al final han superado a los que se han basado en la sinceridad.

Debéis saber, entonces, que hay dos modos de guerrear: uno con las leyes, otro con la fuerza. El primero es propio de los hombres; el segundo, de las bestias. Pero como el primero no es suficiente en muchas ocasiones, conviene recurrir al segundo. Por ello el príncipe necesita saber guiarse como bestia y como hombre. Los autores antiguos enseñaron esto a los príncipes con palabras encubiertas, cuando escribieron que Aquiles y muchos otros príncipes de la Antigüedad fueron entregados al centauro Quirón para que los criase y los enseñase bajo su disciplina. Tener por preceptor a alguien mitad bestia mitad hombre no quiere decir otra cosa que el príncipe

23. Quomodo fides a principibus sit servanda.

necesita saber recurrir a ambas naturalezas, y que la una sin la otra no dura.

Teniendo necesidad el príncipe, entonces, de saber usar la naturaleza de bestia, debe imitar a la zorra y al león, porque el león no se defiende de las trampas y la zorra no se defiende de los lobos. Hace falta entonces comportarse como una zorra para conocer las trampas y como un león para asustar a los lobos. Los que adoptan solo el papel de león no se enteran. Un señor prudente no puede ni debe, por tanto, mantener la palabra dada cuando esta se vuelve contra él, y cuando ya no son válidos los motivos que le llevaron a darla. Y si todos los hombres fuesen buenos, esta regla no sería buena; pero como también los hay malvados y no te guardarán la palabra dada, tú tampoco tienes que mantenérsela a ellos. Y nunca le faltan a un príncipe motivos legítimos para adornar el incumplimiento. Se podrían traer infinitos ejemplos modernos de todo esto y demostrar cuántas paces y cuántas promesas se han convertido en aire y en vanas por la deslealtad de los príncipes, y cómo el que ha sabido imitar mejor a la zorra ha tenido mayor éxito. Pero también hace falta saber enmascarar esta condición, y ser un gran simulador y disimulador. Y los hombres son tan necios, y tan apegados a la necesidad del momento, que el que engaña siempre encontrará a otro que se deje engañar.

No quiero omitir uno de los ejemplos recientes. Alejandro VI no hizo nunca otra cosa, ni pensó jamás en nada que no fuese engañar a los hombres, y siempre encontró manera de poder hacerlo, y no ha habido nunca otro hombre que tuviese mayor habilidad para aseverar y que con mayores promesas afirmase algo, que luego guardase menos; pese a ello, siempre le salieron los engaños a medida de su voluntad, porque conocía bien esta técnica mundana.

Un príncipe, pues, no debe tener todas las cualidades ya descritas, pero sí le es necesario aparentar tenerlas. Antes bien, me atreveré a decir esto: que si las tiene y las observa siempre, son perjudiciales, pero si parece que las tiene, le son útiles. Como por ejemplo parecer piadoso, fiel, humano, íntegro, religioso, y además serlo; pero es necesario estar preparado para que, en caso necesario, puedas y sepas hacer lo contrario. Y hay que saber esto: que un príncipe, y sobre todo un príncipe nuevo, no puede cumplir todas las cosas que hacen que llamen bueno a un hombre, sino que necesitará con frecuencia, para mantener el estado, obrar contra la palabra dada, contra la caridad, contra la humanidad, contra la religión. Y necesitará tener un carácter dispuesto a enfilar el camino que le dicten los vientos de la fortuna y las variaciones de las cosas; y como dije más arriba, a no alejarse del bien, si puede hacerlo, pero saber hacer el mal si lo necesita.

Un príncipe debe, entonces, poner gran cuidado para que no salga de su boca nada que no esté empapado de las cinco cualidades descritas, y debe parecer, al oírlo y al verlo, todo piedad, todo lealtad, todo integridad, todo humanidad, todo religión; y no hay nada que sea más necesario aparentar que esta última cualidad. Los hombres por lo general juzgan más a través de los ojos que de las manos, porque todos ven, pero pocos tocan. Cualquiera ve lo que pareces, pero pocos se dan cuenta de lo que eres realmente, y estos últimos no se atreven a oponerse a la opinión de muchos que tienen la majestad del estado que los defiende. Y en las acciones de todos los hombres, y especialmente de los príncipes, en las que no hay tribunal al que recurrir, se mira el fin. Procure, pues, el príncipe ganar y mantener el estado: los medios siempre serán tenidos por honrosos y serán alabados por todos; porque el vulgo se deja llevar por las apariencias y por el resultado final, y en el mundo no hay más que vulgo: los pocos no tienen sitio cuando la mayoría tiene donde apoyarse. Un príncipe actual, al que no es oportuno nombrar, no predica otra cosa que paz y lealtad, y es gran enemigo de una y de otra; y si hubiese guardado tanto la una como la otra, le habrían quitado más veces la reputación y el estado.

XIX

DE LA FORMA DE ESCAPAR DEL DESPRECIO Y DEL ODIO[24]

Pero dado que ya he hablado de las más importantes de las cualidades que mencioné más arriba, quiero hablar brevemente sobre las otras en términos generales: que el príncipe piense, como en parte se ha dicho más arriba, en huir aquellas cosas que lo hagan odioso o digno de desprecio; y si huye todo esto, habrá hecho sus deberes, y no encontrará en los otros baldones ningún peligro. Sobre todo lo hace odioso, como ya dije, ser rapaz y usurpador de los bienes y de las mujeres de los súbditos, de lo que él se debe guardar. Y siempre que no se quite a la universalidad de los hombres ni honra ni bienes, estos viven contentos, y solo se tiene que luchar contra la ambición de unos pocos, que se frena de muchas maneras y con facilidad. Despreciable lo hace ser tenido por inconstante, irreflexivo, afeminado, pusilánime, falto de resolución, de lo que el príncipe se debe cuidar como de un escollo, y apañárselas para que en sus acciones se reconozca grandeza, animosidad, gravedad, fortaleza; y en cuanto a los asuntos privados de los súbditos ha de querer que su juicio sea irrevocable, y que se

24. De contemptu et odio fugiendo.

mantenga en tal reputación que nadie piense en engañarlo ni en embaucarlo.

El príncipe que da de sí esta imagen es bastante reputado, y contra el que tiene reputación se conjura con dificultad, ya que se comprende que es excelente o que es respetado por los suyos. Porque un príncipe debe tener dos temores: uno en el interior, por lo que hace a los súbditos; el otro en el exterior, por lo que hace a los poderosos extranjeros. De este último se defiende con buenos ejércitos y buenos aliados. Y siempre que tenga buenas tropas tendrá buenos aliados. Y siempre habrá tranquilidad interna cuando la situación exterior sea tranquila, si aquella no es perturbada por una conjura; y cuando las cosas del exterior se alteren, si él se ha guiado y ha vivido como he dicho, aguantará cualquier embate siempre y cuando no ceje, como dije que hizo Nabis el espartano.

Pero por lo que hace a los súbditos, cuando la situación exterior no se altera, se debe pensar en que no haya una conjura secreta, de lo que el príncipe se asegura bastante evitando ser odiado o menospreciado, y manteniendo al pueblo satisfecho de él, cosa necesaria de lograr, como se dice más por extenso arriba. Y uno de los remedios más poderosos que tiene el príncipe contra las conjuras, es no ser odiado en términos generales; porque siempre el que conjura cree satisfacer al pueblo con la muerte del príncipe, pero cuando piensa ofenderlo no tiene ánimo para tomar semejante resolución. Porque las dificultades que se presentan a los conjuradores son infinitas, y se sabe por experiencia que ha habido muchas conjuras, pero pocas han terminado bien. Porque el conjurador no puede estar solo, y solo puede aceptar la compañía de aquellos que piensa que están descontentos, y en cuanto has mostrado tus intenciones

a un descontento, le das ocasión de contentarse, porque
si te descubre puede esperar ventaja de ello; de forma
que, viendo la ganancia segura por este lado, y por el
otro dudosa y llena de peligros, te interesa, para que te
mantenga su fidelidad, o que sea un amigo extraordinario tuyo, o que sea un enemigo declarado del príncipe.
Y para resumir todo esto en pocas palabras, digo que por
parte del conjurador no hay sino miedo, suspicacia y sospecha del castigo que lo asusta; pero por parte del príncipe está la majestad del principado, las leyes, la defensa
de los aliados y del estado, que lo defienden. De forma
que, si añadimos a todo esto la benevolencia popular, es
imposible que nadie sea tan osado como para conjurar,
porque si un conjurador debe temer de ordinario incluso antes de la ejecución del mal, en este caso debe temer
también después de cometido el abuso, si tiene al pueblo por enemigo, al no poder esperar socorro alguno.

Acerca de este asunto se podrían traer infinitos ejemplos, pero me voy a contentar con uno de tiempo de nuestros padres. Micer Aníbal Bentivoglio, príncipe de Bolonia, abuelo del actual micer Aníbal, fue asesinado por
los Canneschi, que conjuraron contra él, y no quedó
otro de los suyos más que micer Giovanni, un niño que
aún estaba en mantillas. Sin embargo, tras el asesinato el
pueblo se sublevó inmediatamente y mató a todos los
Canneschi. Esto surgió del afecto popular que la casa de
los Bentivoglio tenía en aquel momento; este fue tan
grande que, muerto Aníbal y no quedando en Bolonia
uno que pudiese gobernar el estado, teniendo noticias
los boloñeses de que en Florencia había un Bentivoglio
(que se creía hasta entonces hijo de un artesano), fueron a buscarlo a Florencia y le dieron el gobierno de la
ciudad, que fue regida por él hasta que micer Giovanni
alcanzó edad conveniente para el gobierno.

Concluyo, entonces, que un príncipe debe tener poca cuenta de las conjuras si el pueblo le ama; pero cuando le es contrario y lo odia, debe sospechar de todo y de todos. Y los estados bien ordenados y los príncipes sabios han pensado con gran diligencia no hacer perder a los nobles la esperanza y satisfacer al pueblo y tenerlo contento; porque este es uno de los asuntos más importantes que afectan al príncipe.

Entre los reinos bien dispuestos y gobernados en nuestra época está el de Francia, y en él hay muchas disposiciones buenas, de las que dependen la libertad y la seguridad del rey: la primera de ellas es el parlamento y su autoridad. Porque el que dispuso aquel reino (conociendo por un lado la ambición de los poderosos y su insolencia, y pensando que aquellos necesitaban un bocado que los refrenase, y conociendo por otro lado también el odio de la plebe contra los grandes a causa del miedo, y queriendo asegurársela) no quiso que esta fuese una ocupación particular del rey, para quitarle el litigio que pudo tener con los nobles, si favorecía al pueblo, y con los del pueblo si favorecía a los grandes. Y así estableció un tercer juez, que sería quien sin intervención del rey castigase a los nobles y favoreciese al pueblo. Esta disposición no pudo ser mejor ni más prudente, ni hay mayor motivo de seguridad para el rey y el reino. De lo que se puede extraer otra conclusión digna de ser notada: que los príncipes deben dejar a otros las cosas de castigo, y las de gracia hacerlas ellos mismos. Y concluyo de nuevo que un príncipe debe valorar a los nobles, pero no debe resultar odioso al pueblo.

Quizá parecerá a muchos, al tomar en consideración la vida y la muerte de algún emperador romano, que fueron ejemplos contrarios a este parecer mío, al encontrar alguno de estos que vivió siempre de forma distinguida y con gran virtud de ánimo, y que sin embargo perdió el Imperio o que murió a manos de ciudadanos suyos que se habían conjurado contra él. Al querer responder a estas objeciones, repasaré las cualidades de algunos emperadores y mostraré que las causas de su ruina no son distintas de lo que ya he aducido; y en parte explicaré cosas que son claras a quien lee los hechos de aquellos tiempos. Y quiero que baste con citar los emperadores que se sucedieron desde Marco Aurelio hasta Maximino, que fueron: Marco, su hijo Cómodo, Pertinax, Juliano, Severo, su hijo Antonino Caracalla, Macrino, Heliogábalo, Alejandro y Maximino. Y la primera observación es que, cuando en los otros principados solo hay que luchar con la ambición de los nobles y la insolencia de la plebe, los emperadores romanos tenían una tercera dificultad: tener que aguantar la crueldad y avaricia de los soldados. Esto era tan complicado que fue causa de la ruina de muchos, al ser difícil satisfacer a los soldados y al pueblo, porque las gentes querían la paz, y por ello los príncipes moderados le eran agradables, mientras que los soldados querían un príncipe de espíritu militar y que fuese cruel, insolente y rapaz, cosas que querían que practicase a costa del pueblo, para poder así tener paga doble y sofocar su avaricia y crueldad. Estas cosas causaron que los emperadores que por naturaleza o arte no tenían gran reputación, de forma que con ella mantuviesen contenidos a unos y a otros, siempre se perdían. Y la mayoría de ellos, sobre todo los que llegaban al poder como ciudadanos particulares, conocida la complejidad de estos dos humores, se dedicaban a satisfacer las ansias de los soldados, dando poca importancia a ofender al pueblo. Decisión que era necesaria, porque al no poder los príncipes dejar de ser odiados por algunos, deben esforzarse primero para no ser odiados por la generalidad del estado; y si no pueden conseguir esto, deben evitar con cualquier industria el odio de aquellas clases que son más poderosas. Y por ello los emperadores que por su bisoñez necesitaban apoyos extraordinarios, se ponían más del lado de los soldados que del pueblo; lo que les resultaba útil, o no, según que el príncipe supiera mantener su reputación entre ellos.

De estas razones ya expuestas se deduce que Marco, Pertinax y Alejandro, que fueron todos de vida moderada, amigos de la justicia, enemigos de la crueldad, humanos, benevolentes, todos terminaron tristemente, excepto Marco. Solo Marco vivió y murió con muchísima honra, porque él accedió al Imperio por herencia y no tenía que agradecérselo ni a los soldados ni al pueblo; además, al tener muchas virtudes que lo hacían digno de veneración, siempre mantuvo a uno y otro grupo en sus límites mientras vivió, y nunca fue odiado ni menospreciado. Al contrario Pertinax, que accedió al Imperio contra la voluntad de los soldados —quienes, al haberse acostumbrado a vivir de manera viciosa bajo el Imperio de Cómodo, no podían sobrellevar la vida honesta a la que los quería acostumbrar Pertinax—, por haberse granjeado el odio, y al haber añadido el desprecio al odio a causa de su vejez, se perdió en los primeros momentos de su imperio. Y aquí se debe advertir que el odio se gana tanto mediante las obras buenas como mediante las malas, así que, como dije más arriba, un príncipe que quiere mantener el estado a menudo se ve en la obligación de no ser bueno. Porque cuando tengas más necesidad de la colectividad —se trate del pueblo, del ejército o de la nobleza— para mantenerte, y aquella esté corrompida, te conviene adaptarte a su humor para satisfacerla, y entonces las obras buenas se vuelven en tu contra.

Pero detengámonos en Alejandro, que fue tan bueno que, entre las muchas alabanzas que se le atribuyen, está la de que en catorce años que se mantuvo en el Imperio no murió ninguno sin haber sido juzgado; sin embargo, al haber sido considerado afeminado y como hombre que se dejaba gobernar por su madre (y a causa de ello tenido por despreciable), el ejército conspiró contra él y lo asesinó.

Analizando ahora, por la parte contraria, las cualidades de Cómodo, de Severo, de Antonino Caracalla y Maximino, los hallaréis crudelísimos y extraordinariamente rapaces: estos, para contentar a los soldados, no dejaron ningún tipo de injuria que se pudiese cometer contra el pueblo. Y todos terminaron mal, excepto Severo; porque hubo en Severo tanta virtud que, conservando a los soldados como amigos, pudo siempre gobernar con éxito, aun cuando el pueblo fuese castigado por él; porque sus virtudes lo hacían tan admirable, en la opinión de los soldados y de las gentes, que estas últimas quedaban de alguna manera aturdidas y pasmadas, y los primeros satisfechos y serviciales. Y ya que los hechos de este fueron grandes y notables en un príncipe nuevo, quiero mostrar brevemente lo bien que supo recurrir a las costumbres del león y de la zorra, de las que ya he dicho que el príncipe las debe imitar.

Conociendo Severo la pereza del emperador Juliano, convenció a las tropas, de las que era capitán en Esclavonia, de que era bueno volver a Roma a vengar la muerte de Pertinax, que había perecido a manos de la guardia pretoriana. Y con esta excusa, sin demostrar sus aspiraciones al Imperio, movilizó el ejército contra Roma y llegó a Italia antes de que se supiese que había partido. Una vez en Roma, el Senado lo eligió emperador por miedo y se ajustició a Juliano. Después de este comienzo, Severo tenía otros dos problemas, si se quería enseñorear de todo el Imperio: uno en Asia, donde Nigro, jefe de las tropas asiáticas, se había hecho proclamar Emperador; otro en Occidente, donde estaba Albino, que también aspiraba al Imperio. Y como pensaba que era arriesgado declararse enemigo de los dos, pensó en atacar a Nigro y engañar a Albino: escribió a este que, habiendo sido elegido emperador por el Senado, quería compartir aquella dignidad con él; y le envió el título de César y lo hizo colega suyo por deliberación del Senado, cosas que Albino dio por verdaderas. Pero tan pronto Severo venció y asesinó a Nigro y pacificó los asuntos orientales, volvió a Roma y acusó a Albino en el Senado de que, no habiendo reconocido los beneficios que había recibido de él, había intentado matarle a traición, y que era necesario ir a castigar su ingratitud. Después lo fue a buscar a la Galia y le quitó el estado y la vida. Y quien considere minuciosamente los hechos de este, encontrará que fue un león ferocísimo y una zorra astutísima, y verá que fue temido y reverenciado por todos, y que los ejércitos no le odiaron; y no se extrañará de que él, ciudadano particular, pudiese amasar tanto poder, porque su ingente reputación lo protegió siempre del odio que el pueblo hubiese podido desarrollar por sus botines.

Pero Antonino, su hijo, también fue hombre de cualidades muy excelentes y que lo hacían admirable en opinión de las gentes y agradable a la tropa, porque era un hombre de condición militar, capaz de soportar cualquier trabajo, que no hacía caso de alimentos exquisitos ni de cualquier otro lujo: todo ello hacía que los ejércitos lo adorasen. No obstante, su ferocidad y su crueldad fueron tan grandes y tan inauditas, por haber acabado con gran parte del pueblo de Roma y el de Alejandría

tras infinitas ejecuciones particulares, que se hizo odio-
sísimo a todo el mundo y comenzó a ser temido incluso
por aquellos que le rodeaban, de forma que fue asesinado por un centurión en medio de su ejército. Por lo que
es de observar que este tipo de muertes son inevitables
para los príncipes, porque cualquiera que no tema la
muerte los puede herir; pero el príncipe debe temerlas
menos, porque son muy raras. Solo debe guardarse de
no injuriar gravemente a alguno de aquellos de quienes
se sirve y de los que le rodean para el servicio de su principado, como había hecho Antonino, que había asesinado de forma ultrajante a un hermano de aquel centurión y a él lo amenazaba a diario; y sin embargo lo tenía
en su guardia personal: decisión temeraria y capaz de
arruinarlo, como en efecto le sucedió.

Pero vengamos a Cómodo, quien debía tener gran
facilidad en mantener el Imperio, al haberlo recibido en
herencia por ser hijo de Marco Aurelio; y le habría bastado con seguir las huellas del padre para tener satisfechos a los soldados y a la plebe; pero por tener un espíritu cruel y de carácter bestial, para poder ejecutar su
avaricia contra la plebe, se dedicó a divertir a los ejércitos y a hacerlos licenciosos. Por otra parte, dejando de
lado el respeto que debía a su dignidad, se hizo despreciable a ojos de los soldados al bajar frecuentemente a
los teatros a luchar con los gladiadores y cometer otras
vilezas poco adecuadas a la majestad imperial. Y al ser
odiado por unos y despreciado por otros, sufrió una
conspiración y murió como resultado de ella.

Nos queda contar las cualidades de Maximino. Fue
un hombre muy belicoso, y al estar los ejércitos hastia-
dos de la molicie de Alejandro —de quien ya discurrí
más arriba—, al morir este lo eligieron como Emperador; cargo que no mantuvo mucho tiempo, porque dos

cosas lo hicieron odioso y despreciable. Una, tener un origen muy humilde por haber sido pastor en Tracia, lo que era sabido por todos y le restaba respeto en la estimación de todos. La otra, porque, habiendo retrasado al comienzo de su principado el dirigirse a Roma y tomar posesión de la sede imperial, se había creado una reputación de ser muy cruel, al haber ejecutado muchas crueldades a través de sus ministros tanto en Roma como en otros lugares del Imperio. De tal forma que, movido todo el mundo por el desprecio hacia la humildad de su origen y por el odio causado por el miedo a su ferocidad, África se rebeló en primer lugar, más tarde el Senado conspiró contra él, con toda la plebe romana y toda Italia. A lo que se sumó su propia tropa, la cual, al estar asediando Aquilea y con problemas para lograr la victoria, hastiada de su crueldad y temiéndolo menos por verlo con tantos enemigos, lo asesinó.

No quiero hablar ni de Heliogábalo, ni de Macrino, ni de Juliano, que acabaron pronto por ser totalmente despreciables; así que me dirigiré directamente a las conclusiones de este discurso. Y digo que los príncipes de nuestros tiempos se ven menos afectados por este problema de tener extraordinariamente contentos a los soldados en sus gobiernos, porque aunque deba tenerse a estos alguna consideración, la dificultad se resuelve rápidamente porque estos príncipes no tienen ejércitos juntos que hayan envejecido con los gobiernos y con la administración de las provincias, como eran los ejércitos del Imperio romano. Y si entonces hacía falta satisfacer más a los soldados que a la plebe porque el ejército tenía más poder que el pueblo, ahora conviene más a todos los príncipes —excepto al Turco y al Sultán— satisfacer más a la plebe que a la tropa, porque aquella es más poderosa que esta. Exceptúo al Turco, porque tiene de forma continua en torno a él y agrupados doce mil soldados de infantería y quince mil de caballería, de quienes depende la seguridad y fortaleza de su reino; y es necesario que, más allá de cualquier otra consideración, el señor los mantenga como amigos. De forma parecida, en el reino del Sultán conviene a este que, sin tener en cuenta al pueblo, mantenga a la tropa como amiga, ya que todo el reino está en manos de los soldados. Y tenéis que observar que este estado del Sultán es distinto a todos los otros principados, porque es semejante al pontificado cristiano, que no se puede calificar de principado hereditario ni de principado nuevo, porque los hijos del antiguo príncipe no son los herederos y quedan después como señores, sino que lo ocupa el que es electo para aquella dignidad por quienes tienen autoridad para hacerlo. Y al ser esta ordenación antigua, no se puede etiquetar como principado nuevo, dado que en él no existen algunos problemas que sí afectan a los nuevos, y es que, aunque el príncipe sea nuevo, las disposiciones de aquel estado son antiguas y pensadas para recibirle como si él fuese un señor hereditario.

Pero volvamos a nuestro asunto. Digo que quien examine todo este discurso escrito, verá que el odio o el desprecio han sido las causas de la ruina de los emperadores ya nombrados, y sabrá también de dónde procede que, habiendo actuado parte de ellos de una manera y parte de la contraria, en ambos casos uno de ellos tuvo éxito y otros no. Porque a Pertinax y a Alejandro, al haber sido príncipes nuevos, les fue inútil y perjudicial querer imitar a Marco, que llegó al principado de forma hereditaria; y verá que de forma semejante a Caracalla, Cómodo y Maximino les fue pernicioso haber imitado a Severo, al no alcanzar virtud suficiente para seguir sus huellas. Por lo tanto, un príncipe nuevo en un principado nuevo no puede imitar los hechos de Marco, ni tampoco tiene necesidad de seguir los de Severo, sino que debe tomar de Severo aquellas acciones necesarias para fundar su estado, y de Marco las que son convenientes y gloriosas para conservar un estado que ya se ha establecido y se mantiene firme.

XX

SI LAS FORTALEZAS Y OTRAS MUCHAS COSAS QUE HACEN A DIARIO LOS PRÍNCIPES SON ÚTILES O NO[25]

Algunos príncipes han desarmado a sus súbditos para mantener seguro el estado; otros han dividido las tierras que están bajo su jurisdicción. Algunos han alimentado las enemistades incluso contra sí mismos; otros han intentado ganarse a aquellos de quienes sospechaban al principio de su imperio. Algunos han edificado fortalezas; otros las han arruinado y destruido. Y aunque sobre todas estas cosas no se puede dar un juicio completo si no se viene a las particularidades de aquellos estados en los que hubiese que tomar alguna determinación semejante, yo hablaré, no obstante, del modo general que la materia en cuestión admite.

No ha ocurrido jamás, pues, que un príncipe nuevo desarmase a sus súbditos. Al contrario, cuando los ha encontrado desarmados, siempre los ha armado; porque armándolos tú, aquellas armas se convierten en tuyas, se hacen fieles quienes te eran sospechosos, y los que eran leales lo siguen siendo; y de súbditos se con-

---

25.   An arces et multa alia, quae quottidie a principibus fiunt, utilia an inutilia sint.

vierten en tus partidarios. Y, dado que no se puede armar a todos los súbditos, cuando beneficias a los que armas, con los restantes se puede tratar con más seguridad. Y la diversidad de tu proceder que reconocen los primeros les crea obligación contigo; los otros te excusan, al pensar que es necesario que tengan más méritos los que afrontan más peligro y obligación. Pero cuando los desarmas, comienzas a ofenderlos, al mostrar que desconfías de ellos, o por vileza o por poca lealtad, y tanto una como otra opinión engendra odio contra ti. Y como no puedes estar desarmado, te convendrá recurrir al ejército mercenario, del cual y de su calidad ya se ha hablado más arriba. Y aun cuando esta tropa fuese buena, no puede ser tan numerosa que te defienda de enemigos poderosos y de súbditos sospechosos. Pero, como he dicho, un príncipe nuevo en un principado nuevo siempre ha ordenado en él las tropas: la historia está llena de ejemplos de esto. Pero cuando un príncipe adquiere un estado nuevo, que se añade a sus posesiones como un miembro más, entonces sí es necesario desarmar aquel nuevo estado, excepto a los que, en el momento de conquistarlo, fueron partidarios tuyos; y también es necesario debilitar y afeminar a estos, en cuanto tengas ocasión, y gobernarlos de forma que todas las armas de tu estado estén en manos de tus soldados propios que en tu estado antiguo estaban a tu lado.

Solían decir nuestros antepasados, y sobre todo los que eran tenidos por sabios, que hacía falta conservar Pistoia con las facciones y Pisa con las fortalezas; y por esto alimentaban las disensiones en las tierras sometidas, para poseerlas con más facilidad. Esto, en los tiempos en que Italia estaba de algún modo equilibrada, debía ser algo bueno; pero no creo que se pueda dar ya esta norma general, porque no pienso que las divisiones traigan jamás ningún bien. Al contrario, cuando el enemigo se acerca, necesariamente se perderán con rapidez las ciudades divididas, porque la parte más débil siempre se decanta por las tropas extranjeras, y la otra parte no podrá gobernar.

Los venecianos, movidos por las razones dichas, según creo, alimentaban las sectas güelfa y gibelina en las ciudades sometidas, y aunque nunca permitían correr la sangre, no obstante alimentaban entre ellos estas diferencias de parecer con el fin de que, entretenidos los ciudadanos con sus propias disensiones, no se uniesen contra ellos. Algo que, como se vio, no les valió de nada, porque, habiendo sido derrotados en Vailate, rápidamente una parte de aquellas ciudades tomadas se atrevió y les quitó todo el estado. Por lo tanto, estos modos son indicio de debilidad del príncipe, porque en un principado fuerte nunca se permiten este tipo de divisiones, porque solo son provechosas en tiempo de paz, cuando se puede manejar a los súbditos fácilmente con ellas; pero en tiempo de guerra, esa ordenación muestra su falsedad.

Sin duda los príncipes se hacen grandes cuando superan las dificultades y la oposición que se les hace; sin embargo, la fortuna, sobre todo cuando quiere engrandecer a un príncipe nuevo, que necesita más ganar reputación que un príncipe hereditario, le crea enemigos y le prepara empresas contrarias, para que tenga oportunidad de vencerlas todas y elevarse gracias a la escala que le han traído los enemigos. Pero muchos piensan que un príncipe sabio debe, en cuanto tenga la ocasión, alimentar con astucia alguna enemistad, para que, vencida aquella, se le siga una mayor grandeza.

Los príncipes, sobre todo los que son nuevos, han encontrado más lealtad y más utilidad en los hombres que al principio de su gobierno habían tenido por sospechosos que en aquellos en los que confiaban. Pandolfo Petrucci, príncipe de Siena, gobernaba su estado más con aquellos que le fueron sospechosos que con los demás. Pero de esto no se puede hablar en términos generales, porque varía según los casos. Solo diré esto: que siempre se podrá ganar el príncipe con muy gran facilidad a los hombres que al comienzo de su principado le han sido enemigos, con tal de que ellos necesiten apoyos para mantenerse; y ellos se ven más obligados a servirlo con lealtad, porque saben la necesidad que tienen de borrar con sus obras la opinión nefasta que se tenía de ellos. Y así el príncipe saca siempre más utilidad de estos que de los que, al servirle con mucha seguridad, descuidan sus cosas.

Y dado que la materia lo reclama, no quiero dejar de recordar a los príncipes que han conquistado un estado gracias a los favores de los propios ciudadanos, que piensen bien los motivos que movieron a estos a favorecerles. Y si no hay un afecto natural en ellos, sino que fue porque no estaban contentos en aquel estado, difícilmente y con gran trabajo los podrá mantener como aliados, porque será imposible que los contente. Y pensando bien los motivos de todo esto, con los ejemplos antiguos y modernos verá que es mucho más fácil mantener como amigos a los hombres que estaban contentos del anterior estado, aunque fuesen sus enemigos, que a aquellos otros que, al no estar contentos en el estado, se convirtieron en sus aliados y lo favorecieron para ocuparlo.

Ha sido costumbre de los príncipes, para poder mantener de forma más segura su estado, edificar fortalezas que fuesen la brida y el freno de quienes intentasen ir contra ellos, y tener así un refugio seguro contra un ataque repentino. Yo aplaudo este sistema, porque es la costumbre desde antiguo. No obstante, micer Niccolò Vitelli en nuestros días ha destruido dos fortalezas en Città di Castello para conservar aquel estado. Guido Ubaldo, duque de Urbino, vuelto de nuevo al estado, del que había sido expulsado por César Borgia, derribó todas las fortalezas de aquella región, y pensó que sin ellas sería más difícil perder de nuevo aquel estado. Los Bentivoglio, vueltos a Bolonia, emplearon métodos semejantes. Entonces, las fortalezas son útiles o no, según los momentos: y si te ayudan en un sitio, contribuyen a ofenderte en otro. Y se puede razonar esta cuestión de la siguiente manera: que el príncipe que tiene más miedo de su pueblo que de los extranjeros debe construir fortalezas; pero el que tiene más miedo de los forasteros que de su pueblo, debe olvidarlas. A la casa de Sforza le ha hecho ya y le hará más guerra el castillo de Milán, que levantó allí Francesco Sforza, que ningún otro desorden de aquel estado. Sin embargo, la mejor fortaleza que existe es no ser odiado por el pueblo; porque, incluso cuando tienes la fortificación y el pueblo te odia, aquella no te salva, porque no faltan nunca al pueblo, una vez que ha tomado las armas, extranjeros que acudan a socorrerlo. En nuestros días no sabemos que las fortalezas hayan sido útiles a ningún príncipe, salvo a la condesa de Forli, cuando murió su marido, el conde Jerónimo, porque gracias a la fortificación pudo evitar el ataque popular, esperar la ayuda de Milán y recuperar el estado; y la circunstancia de entonces no permitía a los extranjeros socorrer al pueblo. Sin embargo, después le valieron poco las fortalezas a la condesa, cuando la atacó César Borgia, y el pueblo, que seguía siendo su enemigo, se unió al extranjero. Por todo ello, le habría sido más seguro no ser odiada por el pueblo que tener castillo. Considerado, no obstante, todo esto, alabaré tanto a quien las haga como a quien no, y reprenderé a los que, confiando en las fortificaciones, desestimen el odio del pueblo.

XXI

DE LO QUE CONVIENE AL PRÍNCIPE PARA SER ESTIMADO[26]

No hay cosa que haga estimar tanto a un príncipe como las grandes empresas y convertirse en fuente de ejemplos extraordinarios. En nuestra época tenemos a Fernando de Aragón, actual rey de España. De este casi se puede decir que es un príncipe nuevo, porque se ha convertido en el primero de los reyes cristianos por su fama y por su gloria, cuando empezó siendo un rey débil; y si se consideran sus hechos, se verá que todos son muy grandes y algunos incluso extraordinarios. En el principio de su gobierno conquistó el reino de Granada, y esta empresa fue la base de su estado. En primer lugar, él la hizo sin otras ocupaciones y sin nada que se lo impidiese; mantuvo ocupados en ella los ánimos de los nobles de Castilla, quienes, al estar dedicados a la contienda, no tuvieron tiempo de pensar en rebeliones; y el rey ganaba de aquel modo reputación y señorío sobre ellos, sin que se dieran cuenta. Con dinero de la Iglesia y del pueblo fue capaz de mantener su ejército, y poner la base de su milicia con aquella contienda larga, que después lo ha honrado. Además de esto, para poder arros-

26. Quod principem deceat ut egregius habeatur.

trar empresas mayores, apoyándose siempre en la religión, desarrolló una piadosa crueldad, expulsando y expoliando a marranos de su reino: puede ser el ejemplo más triste y extraño. Atacó África con la misma excusa; acometió la empresa de Italia, y finalmente ha atacado a Francia. Y así siempre ha hecho y conseguido grandes resultados, lo que le ha granjeado siempre la sorpresa y la admiración de los súbditos, entretenidos en el resultado de ello. Y todos estos hechos suyos se han encadenado unos con otros, de forma que no ha dado tiempo a los hombres de poder moverse contra él tranquilamente.

También ayuda mucho a un príncipe servir de ejemplo singular en política interior —como lo que se cuenta de micer Bernabò de Milán—, cuando en la vida civil se produce el caso de que alguien haga algo extraordinario, tanto para bien como para mal, y se encuentra el modo, a la hora de premiarlo o castigarlo, de que dé mucho que hablar. Y por encima de todo un príncipe tiene que arreglárselas para lograr en todas sus acciones fama de hombre grande y de excelente ingenio.

También es estimado el príncipe que es verdadero amigo y verdadero enemigo: es decir, cuando sin miedo se señala a favor de algún gobernante y contra otro. Adoptar esa postura es siempre más útil que permanecer neutral; porque si dos poderosos que son vecinos tuyos se pelean, es de tal forma que, si gana uno de ellos, tú debes temer al vencedor, o no. En cualquiera de estos casos te será más útil tomar partido y hacer guerra limpiamente; porque en el primer caso, si no te decides a actuar, siempre estarás en manos de quien venza, con alegría y satisfacción del perdedor; y no hay motivo ni nada que te defienda ni te socorra, porque el que triunfa no quiere amigos dudosos que no lo socorren en la dificultad; y el que pierde no te socorre, por no haber querido tú ayudarle militarmente. Antíoco fue a Grecia llamado por los etolios para expulsar de allí a los romanos. Antíoco envió embajadores a los aqueos, que eran aliados de los romanos, para animarles a permanecer neutrales; y por otro lado los romanos les exhortaban a tomar las armas a su lado. Esta cuestión se discutió en el consejo de los aqueos; allí el enviado de Antíoco les animaba a permanecer neutrales, a lo que el legado romano repuso: «No hay nada peor para vosotros que lo que estos os piden, es decir, que no entréis en la guerra; quedaréis sin gracia, sin dignidad, seréis el premio del vencedor».[27] Y siempre habrá en este asunto quien, no siendo tu aliado, te demande la neutralidad, y el que es tu aliado te pedirá que le apoyes militarmente. Y los príncipes poco resolutivos optan la mayoría de las veces por este camino de la neutralidad para evitar los peligros del momento, y la mayoría de las veces caen.

Pero cuando el príncipe toma partido valerosamente por una de las partes, si gana aquel con quien te has aliado, aunque sea poderoso y tú quedes a su arbitrio, él está obligado contigo por haber desarrollado amor por ti; y los hombres no son jamás tan deshonestos que te opriman con tanta muestra de ingratitud. Por otra parte, los triunfos no son jamás tan completos como para que el vencedor no tenga que tener algún miramiento, sobre todo a la justicia. Pero si derrotan a aquel con quien te aliaste, él te protegerá, y te ayudará mientras le sea posible, y será tu compañero a la espera de que cambie la fortuna.

---

27. «Quod autem isti dicunt, non interponendi vos bello, nihil magis alienum rerum vestris est: sine gratia, sine dignitate premium victoris eritis» (Livio, *Ab urbe condita*, XXXV, 48, 9).

En el segundo caso, cuando los que combaten entre
sí son de tal calidad que no tienes que temer al que venza, todavía es muestra de mayor prudencia aliarse con
él, porque contribuyes a la ruina de uno con la ayuda de
otro que lo debería salvar, si fuese sabio. Y si gana, queda
a tu arbitrio, y es imposible que no venza con tu apoyo.
Y en este punto hay que observar que un príncipe debe
evitar siempre formar una alianza con otro más poderoso que él para atacar a otros, si no le obliga a ello la necesidad, como se dijo más arriba; porque, si vence, te
conviertes en rehén suyo; y los príncipes deben evitar
tanto como les sea posible estar al arbitrio de otros. Los
venecianos se aliaron con Francia contra el duque de
Milán, y pudieron evitar la constitución de aquella alianza, de la que salió su perdición. Pero cuando no se puede evitar —como le sucedió a los florentinos cuando el
papa y España atacaron Lombardía con sus ejércitos—,
entonces el príncipe debe aliarse, por los motivos ya di-
chos. Y que no piense jamás ningún estado poder hacer
alianzas seguras. Antes al contrario, piense que todas las
que haga serán dudosas; porque el orden de los sucesos
demuestra que siempre que se intenta escapar de un
peligro se cae en otro; pero la prudencia consiste en
saber conocer la calidad de los peligros y dar por bueno
el menos malo.

Un príncipe también debe mostrarse como amante
de la virtud, dando hospitalidad a los hombres virtuosos
y honrando a los que son excelentes en algún arte. Además, debe animar a sus ciudadanos a poder desarrollar
sus oficios tranquilamente, tanto en el comercio como en
la agricultura o en cualquier otra tarea humana, y que
nadie tema aumentar sus posesiones por temor de que se
las quiten, ni abrir un comercio por miedo a los impuestos. Al contrario, debe ofrecer premios para quien quiera

hacer todo esto y para cualquiera que desee engrandecer su ciudad o su estado de la forma que sea. Además
de ello, debe mantener ocupada a la masa con fiestas y
espectáculos en las épocas adecuadas del año; y como
todas las ciudades se dividen en gremios o en barrios,
debe tener en cuenta esa diversidad, reunirse con ellos
algunas veces, ser ejemplo de magnanimidad y de generosidad, conservando siempre firme, eso sí, la majestad
de su dignidad.

XXII

DE LOS SECRETARIOS DE LOS PRÍNCIPES[28]

No es de poca importancia para el príncipe la elección de los ministros, que son buenos o no en función de la prudencia del príncipe. Y el primer entendimiento que se hace de un príncipe es ver los hombres que tiene alrededor, y cuando son capaces y leales, siempre se le puede calificar de sabio, porque ha sabido escogerlos capaces y sabe mantenerlos leales; pero cuando no lo son, siempre se puede hacer un juicio desfavorable de él, porque el primer error lo comete en esta elección.

No había nadie que conociese a micer Antonio de Venafro como ministro de Pandolfo Petrucci, príncipe de Siena, que no pensase que Pandolfo era un hombre muy valioso, al haberle elegido como ministro. Y porque hay tres tipos de ingenios —el que piensa por sí mismo, el que comprende lo que otro piensa, y el tercero, que no entiende ni por sí mismo ni a través de los demás; el primero es excelentísimo, el segundo excelente y el tercero inútil— era absolutamente necesario que, si Pandolfo no pertenecía al primer tipo, que fuese del segundo. Porque siempre que uno tiene la capacidad de conocer el bien o el mal que otro hace o dice, aunque

28.   De his quos a secretis principes habent.

no tenga inventiva propia, conoce las obras buenas del ministro y las malas, y alaba las primeras y censura las otras; y el ministro no puede intentar engañarlo y se comporta correctamente.

Pero hay un medio para que el príncipe pueda conocer al ministro, y no falla jamás; cuando veas que el ministro piensa más en él que en ti, y que busca en todos sus actos su beneficio, sabe que esta actitud jamás hará un buen ministro y que nunca te podrás fiar de él. Porque quien tiene el estado de otro en sus manos no debe pensar nunca en sí mismo, sino siempre en el príncipe, y no recordarle nada que no sea atingente a él. Y por otro lado, el príncipe debe pensar en el ministro para conservarlo bueno, dándole honores y riquezas, y atrayéndolo mediante honras y cargos, para que vea que no puede estar sin él, y para que los muchos honores no le hagan desear más honores, las muchas riquezas no le hagan desear más riquezas, y sus muchos cargos le hagan temer las rebeliones. Por eso cuando los ministros y los príncipes que tienen ministros se comportan así, pueden confiar mutuamente; cuando lo hacen de otra forma, el fin siempre es perjudicial o para uno o para otro.

XXIII

DE QUÉ FORMA HAY QUE HUIR
DE LOS ADULADORES[29]

No quiero dejar de lado un asunto importante y un error del que los príncipes se defienden con dificultad, si no son muy prudentes o si no tienen muy buena capacidad de elección. Se trata de los aduladores, de los que las cortes están llenas, porque los hombres se regodean tanto en sus cosas propias y se engañan de tal manera, que escapan de esta peste con dificultad. Y al querer defenderse de ellos se exponen al peligro de convertirse en despreciables, porque no hay otro medio de guardarse de la adulación sino que los hombres sepan que no te ofenden al decirte la verdad; pero cuando todos te pueden decir la verdad, entonces te falta el respeto. Por todo ello un príncipe prudente debe encontrar un tercer modo, eligiendo en su estado hombres sabios, y solo a los que él ha elegido dar libre acceso a decirle la verdad, y solo de aquellas materias que él les pregunta, y no de otras —pero debe preguntarles de todo—, y escuchar sus opiniones; después pensar por sí mismo tranquilamente. Y con estos consejos, y con cada uno de ellos, comportarse de manera que, cuanto más libremente ha-

29. Quomodo adulatores sint fugiendi.

blen, mejor serán recibidos. Descontados estos, que no oiga a ninguno, que ejecute prontamente lo deliberado y que sea obstinado en sus decisiones. Quien obra de otra manera, o cae en el error a causa de los aduladores, o cambia frecuentemente por la diversidad de las opiniones, de lo que surgirá su poca estimación.

Quiero traer a este propósito un ejemplo moderno. El reverendo Luca, hombre de Maximiliano, el emperador actual, dijo que el emperador no se aconsejaba con nadie y tampoco hacía jamás nada a su gusto. Lo que procedía de tener una conducta contraria a la ya descrita, porque el emperador es hombre circunspecto, no comunica sus intenciones, no toma parecer ajeno; pero como al ponerlas en ejecución se empiezan a conocer y descubrir, comienzan a ser contradichas por los que tiene alrededor y, él, como débil que es, vacila; de donde resulta que lo que hace un día deshace al siguiente, y que no se sabe jamás lo que desea o planea hacer, y que no se puede confiar en sus decisiones.

Por lo tanto un príncipe debe siempre buscar el consejo, pero cuando él quiera, no cuando lo quieran los demás. En efecto, debe quitar el atrevimiento a todos de aconsejarle en cualquier materia, si él no lo pide primero; pero él tiene también la obligación de consultar continuamente, y después escuchar con paciencia la verdad respecto de las cosas preguntadas; e incluso enfadarse si se da cuenta de que alguien por algún motivo no se la dice. Y los que piensan que el príncipe que tiene fama de prudente es tenido por tal no por sus condiciones, sino por los buenos consejeros que tiene a su alrededor, se engañan sin duda. Porque esta es una regla general que no falla nunca: que un príncipe que no es sabio en sí, no puede ser bien aconsejado, a menos que se remita a uno solo que lo gobierne en todo y que este

fuese un hombre prudentísimo. En este caso podría tener éxito, pero duraría poco, porque el que le gobierna
le quitaría el estado en breve tiempo. Pero si se aconseja
con más de uno, un príncipe que no sea sabio no tendrá
jamás los consejos concordes, y no sabrá conciliarlos él
mismo: cada uno de los consejeros se moverá por intereses privados, y él no sabrá ni corregirlos ni conocerlos.
Y no puede ser de otra manera, porque los hombres
siempre terminan siendo malos si no los haces buenos
por necesidad. En consecuencia se concluye que los
buenos consejos, de dondequiera que vengan, conviene
que nazcan de la prudencia del príncipe, y no la prudencia del príncipe de los buenos consejeros.

XXIV

POR QUÉ LOS PRÍNCIPES DE ITALIA HAN PERDIDO SUS ESTADOS[30]

Las cosas expuestas más arriba, si se aplican prudentemente, hacen parecer antiguo al príncipe que es nuevo, y lo aseguran y afirman más rápidamente en el estado que si hubiese permanecido en él desde antiguo. Porque los hechos de un príncipe nuevo se examinan más que los de uno hereditario, y si se ve que son virtuosos, atraen más a los hombres y les obligan mucho más que la antigüedad del linaje. Porque los hombres atienden mucho más a las cosas presentes que a las pasadas; y cuando encuentran el bien en las presentes, se complacen en ello y no buscan nada más; más aún, asumirán la defensa del príncipe cuando este no se falte a sí mismo. Y así tendrá una doble gloria: haber dado comienzo a un principado y haberlo adornado y ratificado con buenas leyes, buenas armas y buenos ejemplos; al igual que tendrá doble infamia quien, habiendo nacido príncipe, ha perdido el estado por su poca prudencia.

Y si pensamos en aquellos señores que en Italia en nuestra época han perdido el estado, como el rey de Nápoles, el duque de Milán y otros, encontraremos en

30.   Cur Italiae principes regnum amiserunt.

ellos, primero, un defecto común por lo que hace a las armas, por los motivos que se discutieron largamente con anterioridad. Después se verá que algunos de ellos o habrán tenido como enemigo al pueblo o, si han tenido al pueblo por amigo, no habrán sabido asegurarse a los nobles. Porque sin estas taras no se pierden los estados que tengan tanta fuerza que puedan mantener un ejército en el campo de batalla. Filipo macedón, no el padre de Alejandro, sino el que fue vencido por Tito Quinto, no tenía mucho estado comparado con la grandeza de los romanos y de Grecia, que le atacaron; sin embargo, al ser un militar que sabía ganarse al pueblo y asegurarse a los nobles, mantuvo la guerra contra ellos durante más tiempo; y aun cuando finalmente perdió el dominio de algunas ciudades, mantuvo el reino pese a todo.

Por lo tanto estos príncipes nuestros, que han estado muchos años en sus principados, que no echen en cara a la fortuna haber perdido el poder, sino a su desidia; porque no pensaron nunca en los tiempos pacíficos que podría haber cambios —un defecto común de los hombres, no temer la tempestad en tiempo de bonanza—, y cuando después vinieron momentos difíciles, pensaron en huir y no en defenderse, esperando que las gentes, molestas por la insolencia de los vencedores, los volviesen a reclamar. Esa elección es buena, cuando no hay otra, pero es malo a todas luces haber abandonado los otros remedios por este, porque no se debe caer jamás en la confianza de que encontrarás a alguien que te levante. Algo que o no sucede, o si sucede, no te da seguridad, porque fue una defensa vil y no dependía de ti. Y solo son buenas, ciertas y duraderas las defensas que dependen de ti mismo y de tu virtud.

XXV

DE LO QUE PUEDE LA FORTUNA EN LAS COSAS HUMANAS Y DE QUÉ MANERA HAY QUE ENFRENTARSE A ELLA[31]

No me es ajeno que muchos han creído y creen que las cosas del mundo son gobernadas por la fortuna y por Dios, que los hombres con su prudencia no pueden corregirlas, y por lo tanto no tienen remedio alguno; y podrían inferir de esto que no vale la pena fatigarse mucho en esas cosas, sino dejarse gobernar por la suerte. Esta opinión ha calado más en nuestra época por la variación grande de las cosas que se han visto y que se ven a diario, fuera de cualquier designio humano. Algunas veces, al pensar yo esto mismo, de algún modo me he inclinado a ese parecer. No obstante, para no agotar nuestro libre albedrío, creo que puede ser cierto que la fortuna sea árbitro de la mitad de nuestras acciones, pero también que nos deja controlar la otra mitad, o casi. Y comparo aquella a uno de esos ríos caudalosos que, cuando se embravecen, inundan las llanuras, arrancan los árboles y las casas, quitan la tierra de un lado y la llevan a la otra orilla. Todos les huyen antes, todos ceden a sus avenidas

---

31. Quantum fortuna in rebus humanis possit et quomodo illi sit occurrendum.

sin poder guarecerse en ningún lado. Y aunque sean así, no se sigue de ello que los hombres, en los tiempos tranquilos, no puedan prepararse con diques y con esclusas; de forma que, embraveciéndose después el río, o ellos irían por un canal, o su golpe no sería tan perjudicial ni tan violento. Con la fortuna sucede lo mismo, que demuestra su poder donde no se ha dispuesto la virtud para resistirla; y aquí dirige sus embates, hacia donde sabe que no se han hecho los diques ni las protecciones para detenerla. Y si analizáis Italia, que es la sede de estas variaciones, y la que las ha puesto en marcha, veréis que se trata de un campo sin diques y sin ninguna protección; porque si ella se hubiese refugiado en la virtud conveniente, como Alemania, España y Francia, esta riada no habría hecho tan grandes alteraciones, o no se habría producido. Y quiero que haber dicho esto sea suficiente, en términos generales, en lo referido a hacer frente a la fortuna.

Pero centrándome más en los casos particulares, digo que hoy se ve a un príncipe prosperar y mañana perderse, sin haberle visto cambiar su naturaleza o cualidad alguna; lo que creo que nace, en primer lugar, de los motivos que se han discutido prolijamente más atrás; es decir: que el príncipe que se apoya totalmente en la fortuna se pierde en cuanto ella cambia. Creo, por otra parte, que será afortunado quien encuentre el modo de ajustar su proceder a las condiciones de los tiempos; y de forma semejante será desgraciado el que no amolde su proceder a los tiempos. Porque se ve que los hombres se comportan de forma distinta en las cosas que les guían a los fines que ha buscado cada uno, es decir, gloria y riquezas: uno lo hace con cautela, otro con precipitación; uno violentamente, otro con astucia; uno con paciencia, otro sin ella; y todos pueden tener éxito con estos procederes diversos. Y se ve también que, de dos cautelosos, uno llega a su proyecto, y el otro no; y de la misma forma, se ve a dos que son exitosos con diversos modos de proceder, siendo el uno cauteloso y el otro impetuoso; lo que no nace de otra cosa sino de conformarse o no su proceder con los tiempos. De aquí procede lo que he dicho: que dos hombres, comportándose de forma distinta, logran el mismo efecto; y de dos que se comportan igual, uno alcanza su objetivo y el otro no. De esto depende entonces la capacidad de transformar el mal en bien, porque si uno se gobierna con cautela y con paciencia, y los tiempos y los casos ruedan de modo que su gobierno sea bueno, él concluye felizmente; pero si los tiempos y los casos cambian, se arruina, porque él no varía su modo de actuar. Tampoco se encuentra hombre tan prudente que se sepa adaptar a esto: bien porque no se puede apartar de aquello a lo que lo inclina la naturaleza, o bien porque al haber tenido éxito siempre al comportarse de una misma forma, no se puede convencer de que esté bien apartarse de ella. En fin, el hombre cauteloso, cuando le es tiempo de obrar precipitadamente, no sabe hacerlo, por lo que se arruina, pero si cambiase la naturaleza conforme a los tiempos y los casos, no cambiaría su fortuna.

El papa Julio II actuó siempre de forma impetuosa, y encontró tan conformes los tiempos y las cosas con su modo de actuar, que siempre salió exitoso. Pensad la primera empresa que hizo en Bolonia, estando todavía vivo micer Giovanni Bentivoglio. Los venecianos no estaban conformes; el rey de España, lo mismo; con Francia tenía tratos de esa empresa. Y él, sin embargo, con su fiereza e ímpetu se embarcó personalmente en la expedición. Iniciada esta, mantuvo en suspenso e inmóviles a España y a los venecianos, estos por miedo y aquella por las ganas que albergaba de recuperar todo el reino de Nápoles. Y por otra parte se ganó al rey de Francia, porque, habiendo visto el rey que se movía el papa, y deseando convertirlo en su aliado para humillar a los venecianos, pensó que no le podía negar sus tropas sin injuriarlo de forma manifiesta. Julio, entonces, con su movimiento impetuoso llevó a cabo lo que ningún otro pontífice habría hecho jamás con toda la prudencia humana; porque si él hubiera esperado a marcharse de Roma con los acuerdos concluidos y todas las cosas dispuestas, como habría hecho cualquier otro papa, jamás lo habría logrado; porque el rey de Francia habría alegado mil excusas y los otros le habrían alegado mil temores. Quiero dejar de lado sus otras empresas, porque todas han sido semejantes y todas han terminado bien, y la brevedad de su papado no le ha dejado experimentar lo contrario; porque, si hubiesen venido tiempos en los que hubiese hecho falta proceder con cautela, se habría desencadenado su ruina: no se habría apartado jamás de aquellos modos a los que le inclinaba su naturaleza.

Concluyo, pues, que, al cambiar la fortuna y los tiempos, si los hombres continúan empecinados en sus maneras de proceder, son afortunados mientras ambos están concordes, pero desafortunados cuando no lo están. Yo estoy seguro de esto: es mejor ser impetuoso que cauteloso, porque la fortuna es mujer, y es necesario, si se la quiere dominar, azotarla y golpearla. Y además se aprecia que ella se deja vencer mejor por estos que por los que actúan fríamente; y siempre, como mujer, es amiga de los jóvenes, porque son menos cautos, más valientes y la gobiernan con mayor audacia.

EXHORTACIÓN A ACOMETER
LA DEFENSA DE ITALIA Y
A LIBERARLA DE LOS BÁRBAROS[32]

Considerado, pues, todo lo expuesto más arriba, y pensando para mí si en la actualidad cn Italia corren tiempos de honrar un príncipe nuevo, y si eso fuese asunto que diese ocasión a uno prudente y virtuoso de introducir allí una forma que resultase honrosa para él y para el conjunto de los italianos, me parece que concurren tantas cosas a favor de un príncipe nuevo, que no encuentro tiempo más propio para ello. Y si hizo falta, como dije, que el pueblo de Israel fuese cautivo en Egipto para ver la virtud de Moisés, y que los persas fuesen oprimidos por los medos para conocer la grandeza de espíritu de Ciro, y que los atenienses fuesen dispersados para la excelencia de Teseo; así en el momento actual hacía falta que, si se quiere conocer la virtud de un espíritu italiano, que Italia se viera reducida a sus fronteras actuales, y que fuese más esclava que los hebreos, más sierva que los persas, más dispersa que los atenienses: sin caudillo, sin orden, azotada, despoja-

---

32. Exhortatio ad capessendam Italiam in libertatemque a barbaris vindicandam.

da, desgarrada, pirateada, y que hubiese sufrido la más absoluta ruina.

Y si bien hasta aquí se ha mostrado algún resquicio en cierta persona que hiciese poder pensar que había sido encargado por Dios para la redención de Italia, sin embargo se ha visto cómo después ha sido reprobado por la fortuna en el momento culminante. De forma que, amortecida, espera a quien pueda ser el que sane sus heridas, ponga fin a los saqueos de Lombardía, a los botines de Reame y de Toscana, y la salve de las llagas enquistadas hace largo tiempo. Nótese cómo ruega a Dios que le envíe alguno que la redima de estas crueldades e insolencias bárbaras. Se la ve también toda preparada y dispuesta a seguir una bandera, con tal de que uno la domine. No se ve actualmente en quién ella pueda esperar más que de vuestra ilustre Casa, que con su fortuna y virtud, favorecida por Dios y por la Iglesia, de la que ahora es príncipe, pueda convertirse en el cabecilla de esta redención. Lo que no será muy difícil si tenéis presentes los hechos y la vida de los mencionados más arriba, y aunque aquellos hombres fuesen extraordinarios y maravillosos, no dejaron de ser hombres, y ninguno de ellos tuvo menor ocasión que la actual, porque su empresa no fue menos justa que esta, ni más fácil, ni Dios le fue más amigo a ellos que a vos. Aquí la justicia es grande: «Es justa la guerra para quienes la necesitan, y las armas son piadosas cuando no queda otra esperanza».[33] Aquí la disposición es máxima: no puede haber gran dificultad donde hay gran disposición, siempre que Vuestra Casa adopte las disposiciones de aquellos que yo he

---

33.   «Iustum enim est bellum quibus necessarium et pia arma ubi nulla nisi in armis spes est» (Tito Livio, *Ab urbe condita*, IX, 1). Cita memorística.

puesto en el punto de mira. Además, aquí se ven acontecimientos extraordinarios, excepcionales, guiados por Dios: el mar se abrió; una nube os mostró el camino; de la piedra manó agua; aquí ha llovido maná. Todo concurre para vuestra grandeza. Lo que falta lo debéis hacer vos: Dios no quiere hacerlo todo, para no quitarnos el libre albedrío y la parte de gloria que nos corresponde.

Y no es sorprendente que ninguno de los italianos previamente citados haya podido hacer lo que se espera que haga vuestra ilustre Casa, y si en tantas revueltas y en tantas escaramuzas militares, parece que la virtud militar se haya extinguido absolutamente; porque esto procede de que las antiguas disposiciones militares no eran buenas, y de que no ha surgido ninguno que haya sabido encontrar otras nuevas. Y no hay nada que honre tanto a un hombre que se levanta de la nada como las nuevas leyes y las nuevas disposiciones proclamadas por él: todas estas cosas, si están bien fundadas y dotadas de grandeza, lo convierten en admirable y digno de reverencia. Y en Italia no falta materia a la que dar forma: hay aquí gran virtud en los miembros, si no faltase en las cabezas. Miradlo en los duelos y en los combates a pequeña escala, cómo los italianos son superiores en fuerza, en habilidad, en ingenio; pero cuando se trata de combates con ejércitos, entonces no se presentan. Y todo procede de la debilidad de los jefes, porque no se obedece a los que saben, todos parecen saber, y hasta ahora no ha habido ninguno que haya sobresalido de tal forma, tanto por virtud como por fortuna, que los otros le respeten.

De esto procede que durante tanto tiempo, en tantas guerras ocurridas en los últimos veinte años, cuando ha habido un ejército íntegramente italiano, siempre ha salido mal parado; de lo que dan testimonio primero el

Taro, despúes Alejandría, Capua, Génova, Vailate, Bolonia y Mestre.

Si vuestra ilustre Casa, pues, desea imitar a aquellos hombres excelentes que redimieron sus regiones, es necesario antes que ninguna otra cosa, como fundamento cierto de toda empresa, conseguir tropas propias, porque no puede haber soldados mejores, ni más fieles, ni más seguros; y aunque alguno de ellos sea bueno, en conjunto se harán mejores, cuando vean que les manda su príncipe, y sean honrados y mantenidos por él. Hace falta, por tanto, prepararse estas tropas, para poder defenderse con la virtud itálica de los extranjeros. Y aunque se piense que las infanterías suiza y española son aterradoras, no obstante en ambas hay un defecto que permite a una tercera fuerza no solo enfrentarse a ellas, sino tener confianza en vencerlas. Porque los españoles no pueden resistir a la caballería, y los suizos tienen que temer la infantería cuando ven que es tan decidida como ellos. Por lo que ya se ha visto por experiencia, y se verá, que los españoles no pueden aguantar a la caballería francesa, y los suizos se han arruinado frente a la infantería española. Y aunque de este último caso no tenemos la experiencia completa, sí se ha visto una prueba de ello en la batalla de Rávena, cuando la infantería española se enfrentó a los batallones alemanes, que tenían la misma disposición que los suizos; y allí los españoles, con la agilidad corporal y la ayuda de sus escudos, se habían introducido entre las picas de los alemanes y los herían con seguridad sin que ellos pudiesen remediarlo; y si no hubiese intervenido la caballería, que los atacó, los habrían matado a todos. Se puede, pues, si se conocen las fallas de estos dos ejércitos de infantería, crear uno nuevo que resista a la caballería y que no sienta miedo ante las tropas de a pie: esto lo logrará la diversidad del ejército y el cambio de los modos de combate. Y estas son las cosas que, dispuestas de nuevo, dan reputación y grandeza a un príncipe nuevo.

No se debe, entonces, desperdiciar esta ocasión de que Italia encuentre un redentor después de tanto tiempo. No soy capaz de expresar el amor con que sería recibido en todas aquellas tierras que han sufrido todas estas invasiones extranjeras, con qué sed de venganza, con qué lealtad probada, con qué piedad, con cuántas lagrimas. ¿Qué puertas se le cerrarían? ¿Qué pueblos se negarían a obedecerle? ¿Qué envidia se le opondría? ¿Qué italiano le negaría el servicio? A todos asquea este dominio bárbaro. Acoja, pues, vuestra ilustre Casa este empeño, con el ánimo y con la esperanza con que se acometen las empresas justas, para que esta patria se ennoblezca bajo vuestra enseña, y para que bajo vuestros auspicios se haga cierto el dicho de Petrarca, cuando dijo:

> La virtud contra el furor
> empuñará las armas, y hará el combate breve,
> porque el antiguo valor
> en corazón itálico nunca muere.[34]

---

34. «Virtù contro a furore / prenderà l'armi, e fia el combatter corto, / che l'antico valore / nelli italici cor non è ancor morto» (Petrarca, *Canzoniere*, CXXVIII [Italia mia], 93-96).

CAPITOLI

DE LA FORTUNA

A Giovan Battista Soderini

¿Con qué estrofas podré, o con qué versos
cantar yo el imperio de Fortuna
y sus casos prósperos o adversos,

y cómo, injuriosa o importuna,
según nosotros la conceptuamos,
muestra su gran poder a todo el mundo?

Tú no puedes temerla, Juan Bautista,
ni debes tener miedo en modo alguno
de otro enemigo que de sus envites,

porque suele esta voluble criatura
enfrentarse con la mayor fuerza
donde más fuerza suele haber natura.

Su natural poder domina todo,
siempre es violento su total imperio
si una vasta virtud no lo mitiga.

Por eso yo te ruego que te alegre
recibir estos versos míos hoy
si algo digno de ti ellos contienen.

Y ella, diosa cruel, vuelva sus ojos
crueles hacia mí, y en tanto lea
versos que canto de ella y de su reino.

Y aunque ella tenga el trono por encima
de reinos y de imperios de este mundo,
vea a quien su poder cantar quiere.

Y muchos la llaman omnipotente,
porque cualquier humano en esta vida
tarde o temprano su poder siente.

Con su pie holla humanos a menudo;
los malvados eleva, y si promete
cosa buena, cumplirla jamás quiere.

Reinos y estados pone boca a bajo,
según ella desea, y priva a justos
del bien que con largueza da al injusto.

Esta inconstante e inestable diosa
a menudo al indigno sienta en trono
donde jamás permite a quien merece.

Ella dispone el tiempo a su manera;
ella te sube al cielo o bien te entierra
sin piedad o sin leyes ni razones.

No se complace en elevar a alguno
por muchos años, ni siempre mantiene
mucho tiempo en el fondo de su rueda.

No se sabe de cierto de quién nace,
ni quién su padre fue; lo que es seguro
es que Júpiter tiembla si la ve.

Es la reina que impera en un palacio.
Las puertas deja abiertas para entrar:
dudosa es la salida para todos.

Todo el mundo se llega alrededor,
pues todo hombre ver quiere cosas nuevas
movido de ambición y de deseo.

Ella queda en la cima, donde puede
ser vista por cualquier persona humana,
pero rápidamente al poco marcha.

Tiene dos caras la mala hehicera:
una es fiera, otra amable. Si las gira,
te ignora, o te amenaza o te ruega.

Con gusto escucha a quien entrar quiere,
pero se enfada si salir desea,
y el escape le impide con frecuencia.

Dentro se giran tantísimas ruedas
cuantas formas de acceso el hombre tiene
a todo aquello que firme desea.

Aquellas gentes que acoge Fortuna
con gusto en su reino, dicen cuando hablan
feas palabras, suspiros, blasfemias,

y, cuanto más ricas y poderosas,
tanto con ellas es más descortés:
conocen tan mal los ricos su bien.

Los males nuestros siempre le imputamos;
cuando el ser humano encuentra algo bueno,
por propia virtud tenerlo confiesa.

Entre aquella cambiante turba nueva
de los esclavos allí encerrados
Audacia y Juventud hacen la prueba.

Se ve siempre al Temor, postrado en tierra:
tan lleno está de dudas, no hace nada;
Penitencia y Envidia le hacen guerra.

Aquí la Ocasión solo se recrea;
siempre va bromeando entre las ruedas
esa chica sencilla que está calva.

Las ruedas giran siempre, noche y día,
porque el Cielo lo quiere —¿y quién se opone?—
que Ocio y Necesidad giren sin pausa.

Una que arregla el mundo, otra lo gasta.
Se ve ya en todo tiempo y toda hora
cuánto vale paciencia, y cuánto puede.

Fraude y Usura vienen como locas,
son poderosas, y ves entre ellas
a Liberalidad astrosa y rota.

Y sentados encima de las puertas,
que nunca —ya se ha dicho— están cerradas,
sin ojos ni orejas Caso y Suerte.

Potencia, Honor, Riqueza y Sanidad
danse por premio; por pena y castigo
Infamia, Esclavitud, Enfermedad, Pobreza.

Con la última familia, a quien no quiere
Fortuna muestra su furor rabioso;
a quien concede amor la otra le muestra.

Entre los habitantes del palacio
aquel con mejor suerte se aconseja
que encuentra rueda a su valor conforme,

porque tendrás que conformar humores
para adaptarte a lo que ella quiera:
es la causa del éxito o fracaso.

En ella confiar no podrás nunca,
ni pienses evitar su dentellada;
tampoco el duro golpe y repentino,

porque cuando te lleva en rueda buena,
y estás feliz en lo alto de fortuna,
suele cortar de golpe la subida,

y tú, no pudiendo cambiar nada,
sin dejar de cumplir leyes divinas,
abandonado quedas en camino.

Si esto se observa y esto se comprende,
siempre estaría tan feliz y alegre
quien pudiese saltar de rueda en rueda,

mas como este poder nos fue negado
por la oculta virtud que nos gobierna,
cambia así con su curso nuestro estado.

No hay en el mundo ya cosas eternas;
Fortuna así lo quiere y lo demuestra
para que su poder mejor veamos.

Si quieres poseer su buena estrella,
trabaja lo posible en cada hora
de acompasarte al variar de aquella.

Todo aquel reino suyo dentro y fuera
historiado se ve con las pinturas
de los triunfos de que más se precia.

En la primera colores tintados
muestran de forma clara que en Egipto
ya el mundo se encontraba so su yugo,

y cómo largo tiempo estuvo unido
con una larga paz, y allí se hallaba
toda belleza que natura ha escrito.

Los asirios se ven ascender luego
al alto trono, cuando ella no quiso
prolongar el imperio del egipcio.

Después alegre se volvió a los medos;
de medos a los persas, y corona
luego a los griegos con diadema persa.

Allí se vio domar Menfis y Tebas,
Troya, Cartago y Babilonia; con ellas
Jerusalén, Esparta, Atenas, Roma:

allí se pinta cuánto fueron bellas,
ricas y poderosas; y al fin cómo
Fortuna las entrega al enemigo.

Aquí se ve la fábrica divina
del Imperio romano, y cómo todo
el mundo cae después con sus ruinas.

Cual rápido torrente que se ha vuelto
soberbio, todo allí fracasa siempre
donde ella orden impone, o no consiente.

Algunas partes crecen, otras bajan;
del río lecho, orillas, fondo altera
y hace temblar la tierra cuando pasa.

Así va transmutando la Fortuna,
aquí o allá, con golpe furibundo
que el estado del mundo siempre altera.

Si miras más arriba con los ojos,
a César y Alejandro ves pintados
entre los que vivieron muy felices;

dos ejemplos que a ella agradan mucho:
muestran que bien contenta a la Fortuna
que la roben, la fuercen o la atrapen.

Sin embargo, no al puerto deseado
arribó uno; y de heridas lleno
otro murió a la sombra de enemigo.

Hay a su lado otra infinita gente,
que por caer a tierra con gran golpe
han subido a lo alto con aquella;

también están allí Ciro y Pompeyo,
muertos y rotos tras haber subido
a su más alto estado con Fortuna.

¿Habrás visto jamás en sitio alguno
que un águila irritada se levanta,
impelida por hambre y por ayuno,

y cómo una tortuga eleva al cielo
para que el golpe del caer la rompa
y pueda devorar la carne muerta?

Así te eleva al cielo la Fortuna,
no para que te quedes pero caigas,
y que ella se lo goce y tú lo llores.

Ves entonces, después de ver a estos,
cómo se llega alto desde abajo,
y cómo desde allí se va cayendo.

Allí se ve a Fortuna atormentando
a Mario y Cicerón, y que laureles
de gloria a veces crece, a veces corta.

Y al fin se ve con el pasar del tiempo
que pocos son felices, porque mueren
antes de que la rueda a lo alto vuelva,
o bien que de alto los desciende fiera.

DE LA INGRATITUD

A Giovanni Folchi

Giovanni Folchi, el vivir descontento
por Envidia que muerde ferozmente,
me daría más pena y más tormento,

si no fuese porque las dulces cuerdas
de mi cítara suenan suavemente,
y trasladan mi canto hasta las Musas.

Yo no espero tener otra corona
ni creo capaz sea de añadir
una gotita al agua de Helicón.

Y sé yo bien que largo es el camino,
conozco bien que en él me falta aliento
para ascender al deseado monte.

Deseo me acompaña, pese a todo,
y quizá podré juntar una gavilla
de los arbustos que ese monte pueblan.

Intento, pues, del corazón lanzar,
o al menos refrenar aquella pena
que furiosa atormenta mis sentidos.

Y tal como los años vuelan vanos,
o tal como se siembra sobre el agua,
tal será la materia de mis versos.

Cuando la gloria de los hombres llega
al cielo y las estrellas, por desprecio
la Ingratitud nace en el mundo entonces.

Fue hija de Avaricia y de Sospecha,
Envidia la nutrió bien en sus brazos
y habita siempre el pecho principesco.

Allí alberga su trono más dorado;
desde allí emponzoña con veneno
el corazón del resto de la gente.

Esta peste arrasa en todo el mundo,
porque de su nodriza el fiero diente
desgarra y muerde sin perder segundo.

Y si alguien fue feliz en un momento
por el benigno cielo con sus dones,
cambiará de opinión en poco tiempo,

cuando vea su sangre y sus trabajos
y su vivir honesto destrozado:
injurias y calumnias son su pago.

Trae esta plaga tres crueles flechas
en el carcaj que porta a su costado,
y no le faltan nunca las saetas;

dardos emponzoñados de veneno,
que dispara sin freno a toda hora
a cuantos a su designio se le antoja.

La primera flecha tiene por objeto
que el hombre el beneficio reconozca,
y que no dé por ello premio a nadie.

La saeta segunda que ella lanza
hace al hombre olvidar el beneficio
y que él solo lo niegue sin vergüenza.

La tercera hace olvidar un gran favor,
y que el beneficiado sin rebozo
a su benefactor desgarre y muerda.

Dardo que hasta la médula traspasa,
este tercer flechazo es el mortal;
esta saeta trae mayor veneno.

Ni mengua ni se extingue este dolor;
mil veces se renueva, si una muere,
ya que inmortales son su padre y madre.

Habita en todo pecho poderoso,
—ya está dicho eso—, pero goza más
si se apodera de alma popular.

Con más ferocidad resulta herido
un hombre bajo, pues ocurre siempre:
aquel que sabe menos más sospecha.

Y las gentes, todas llenas de envidia,
abren siempre la puerta a la sospecha
y franquean la oreja a la calumnia.

De ello resulta que se ve a menudo
que un buen ciudadano logra un fruto
distinto al grano que sembró en su campo.

Intranquila y sin paz estaba Italia,
cuando el puñal de los cartagineses
la sed de estos bárbaros calmaba.

En la ciudad de Roma nació entonces
un ser divino, enviado del Cielo,
como no habrá otro igual, ni lo hubo nunca.

Este hombre, siendo joven, en Tesino
al padre protegió con el escudo:
¡primer augurio de su alegre sino!

Y al perecer en Cannas los romanos,
el joven evitó partir de Italia,
solo y valiente, con la espada en mano.

Al enjambre español poco después
lo envió el Senado por venganza
del perjuicio común y del engaño.

La bandera romana metió en África,
y castigó la tierra y la fortuna
de Sifax primero, más tarde Aníbal.

Allí le dio la espalda el africano,
y allí vengó Escipión a los romanos
muertos por él en valles italianos.

De allí pasó hacia Asia con su hermano,
donde con gran prudencia y bondad suya
llevó el triunfo de Asia a los romanos.

Y todas las provincias y ciudades
visitadas por él, quedaron llenas
de piedad, fortaleza y castidad.

¿Habrá pluma capaz de tanta loa?
¿Habrá ojos que soporten tanta luz?
¡Romanos con fortuna! ¡Vaya tiempos!

Mediante este caudillo glorioso
a todo el mundo se mostró el camino
que lleva al hombre a la más alta gloria.

Tanto valor y tanta cortesía
no se ha visto jamás en ser humano
por muy glorioso y celestial que sea,

ni hallarás entre antiguos ni modernos,
ni entre los muertos o los que están vivos,
hombre alguno que a Escipión semeje.

Nota, pues, que la Envidia ponzoñosa
los dientes de su rabia le mostró
y con ojos ardientes lo miraba.

A un juzgado popular lo sometió,
que quiso un infinito beneficio
remunerar con la mayor infamia.

Tan pronto él percibió este común vicio
dispuesto contra él, él mismo quiso
de buen grado dejar aquel asilo,

y dio paso al mal hacer de otros,
en cuanto comprendió debía Roma
perder su libertad o su Escipión.

Deseo de venganza no albergaba,
mas no quiso dejar en patria suya
un cadáver que no se merecía.

De esta manera el curso de su vida
lo expulsó de la patria y le ha ofrecido
fruto distinto a lo que había sembrado.

Cierto es que Roma no es ingrata solo;
mirad a Atenas, allí la Ingratitud
tiene su sede más que en otra tierra.

No sirve contra ella algún escudo,
ni valen tantas leyes poderosas
para matar el vicio atroz y crudo.

Y aquella patria fue tan alocada,
que pudiendo conocer con la razón
lo que está bien, no lo estimó.

Milcíades, Arístides, Foción
y la mala fortuna de Temístocles
testigos buenos son de su vivir.

Ella a todos ellos, a cambio de sus
obras, gran recompensa les dio:
prisión, exilio, vilipendio y muerte.

A ojos del vulgo, un pequeño fallo
destruye fama y sangre derramada,
honestas heridas, castillos tomados.

Dirigidas las calumnias malas
a un ciudadano bueno que es humano,
tiránico quizá pronto lo vuelven.

A veces se torna tiránico un hombre,
y viola límite de vida civil
por no probar garra de la Ingratitud.

Esta hizo ocupar el poder a César,
y cuanto ella no supo ceder
se lo dio la ira y la indignación.

Dejemos de lado interés popular;
volvámonos ya a reyes modernos,
de corazón ingrato bien armados.

El pachá Acomato, no mucho después
de haber dado trono a Bayaceto,
murió ahorcado con la soga al cuello.

Gonzalo de la Puglia se ha marchado:
en premio de todas sus victorias
vive con miedo a recelos de rey.

Mira hasta los confines de este mundo:
pocos príncipes verás agradecidos
si buscas la verdad en las historias.

Y verás siempre a los reformadores
y a quienes ganan reinos para el rey
recompensados con exilio o muerte.

Porque cuando reformas un estado
duda siempre el que tú has hecho príncipe
que no puedas quitarle lo que diste,

y no será leal ni tendrá pacto,
porque el miedo en su espíritu más puede
que las obligaciones que te debe.

Y este miedo en él dura tanto cuanto
tarda él en ver toda tu estirpe muerta,
tú y los tuyos en fina sepultura.

Así que con frecuencia se malvive
al servir bien, y no se extrae de ello
más que mísera vida y muerte indigna.

Por ello, en tanto Ingratitud no muera,
todos debemos huir cortes y estados,
ya que no hay otra vía para el hombre
que llore lo que quiso y lo que tuvo.

DE LA AMBICIÓN

A Luigi Guicciardini

Pues parece que, Luis, te maravillas
de este caso acontecido en Siena,
creo que no comprendes este mundo.

Si te parece nuevo lo escuchado,
como me aseguras y has escrito,
piensa mejor el apetito humano;

porque desde la Escitia hasta Egipto,
desde el otro confín a Gibraltar,
parece germinar este delito.

¿Qué ciudad o región de él se ha privado?
¿Qué aldea, qué pocilga? La Avaricia
y la Ambición a todos lados llegan.

En el mundo surgieron las dos lacras
apenas nació el hombre, y enturbiaron
la feliz situación del ser humano.

Había Dios creado las estrellas,
la luz y el cielo, junto al ser humano,
dominador de tantas cosas bellas;

pudo Dios con la angélica soberbia,
del Paraíso a Adán expulsó fuera
porque gustó con Eva la manzana,

cuando —nacidos ya Caín y Abel,
viviendo con su padre y su trabajo
en aquel pobre albergue bien contentos—

potencia oculta que nació del Cielo,
entre los astros que girando oscilan,
de la natura humana poco amiga,

nos privó de la paz y puso en guerra.
Llevó también tranquilidad y bienes
cuando envió dos furias a la tierra.

Desnudas van las dos, con gracia tanta
que parece a los ojos de la gente
vienen con hermosura y con deleite.

Tiene cada una de ellas cuatro rostros,
con ocho manos, y por ello pueden
así en cualquier lugar verte y cogerte.

Envidia, Ocio y Pereza van con ellas,
hinchando todo el mundo con su peste,
y al lado Crueldad, Soberbia, Engaño.

Concordia yace presa por su culpa;
y ellas para mostrar su sed ingente
llevan urnas sin fondo entre las manos.

Por ellas Placidez y Dulce Vida,
que la casa de Adán mejor llenaban,
con Paz y Caridad de allí marcharon.

Al mal Caín contra su buen hermano,
hincharon con pestífero veneno,
llenando con él vientre, pecho y mano.

Y ellas su gran pujanza demostraron,
pues al primer momento hacer pudieron
los pechos ambiciosos y avaros,

cuando el hombre vivía sin vestido,
sin buscar los tesoros, y no había
ejemplos de pobreza y de riqueza.

¡Oh, mente humana, altiva e insaciable,
variable y falsa, pero sobre todo
maligna, injusta, impetuosa y fiera:

fuiste la causa, por ansia ambiciosa,
de la primera muerte con violencia,
de la primera tierra ensangrentada!

Creció después esta mala simiente,
multiplicó ella del mal las razones:
no hay mente que del mal ya se arrepienta.

Por todo esto unos suben y otros bajan;
por todo esto, sin orden ni concierto
mutan sin fin asuntos terrenales.

El rey de Francia esto ha experimentado;
esto ya ha destrozado a Ludovico,
al rey Alfonso y a los venecianos.

No solo la bondad tiene enemigos,
la apariencia también excita el odio:
siempre ha sido así el mundo, antes y ahora.

Toda la gente no otra cosa quiere
que ascender oprimiendo unos y otros,
sin su propia virtud tener en cuenta.

El bien ajeno siempre nos molesta,
por eso siempre vigilamos prestos,
aunque cueste trabajo, el mal ajeno.

El propio instinto nos conduce a esto,
por propia voluntad o por pasión,
si no nos ata ley o mayor fuerza.

Pero si quieres, Luis, saber la causa
por la que algunos lloran y otros mandan,
con la Ambición reinando en todas partes,

y por qué Francia queda victoriosa,
y por qué se destroza Italia toda
en mar tempestuoso de ambiciones,

y por qué en esta parte concentrada
nació mala semilla en penitencia
que Ambición y Avaricia crecer hacen;

si dos con la Ambición vienen unidos
—un corazón feliz, valor armado—
el propio mal allí se teme poco.

Si un país tiene por naturaleza
costumbres fieras, y por accidente
recibe buenas leyes, y se instruye,

contra extranjera gente el furor usa
de la Ambición; pues que contra sí misma
ni las leyes ni el rey se lo consienten.

Por eso el patrio mal cesa siempre,
pero suele disturbar aprisco ajeno
donde el furor aquel puso bandera.

Al contrario, será región servil,
expuesta a todo daño y toda injuria,
si acoge ambiciosa y vil la gente.

Si Vileza y Maldad asientan trono
al lado de Ambición, toda la escoria,
las ruinas y los males vienen presto.

Y si alguien ya culpase a la natura
porque en Italia, afligida y cansada,
no nace gente tan feroz y dura,

digo que no es excusa para Italia,
pues suplir puede una instrucción buena
lo que naturaleza no ha provisto.

En tiempo florecer a Italia hizo
para llegar hasta el confín del mundo:
valor le dio la educación soberbia.

Ahora vive, si vida llamar puede,
a expensas de su suerte y de su ruina
que ha merecido todo su ocio tanto.

Vileza y Ocio son grandes heridas
que han diezmado las tierras italianas
con otros consortes de la Ambición.

Olvida Siena y luchas fratricidas;
vuelve los ojos, Luis, hacia esta tierra,
entre gentes perdidas y pasmadas:

verás todas las artes de Ambición,
cómo uno roba y otro se lamenta
de su fortuna desaparecida.

Vuelva sus ojos aquí quien ver quiera
fatigas ajenas, y al sol demande
si tan gran crueldad jamás se ha visto.

Llora uno el padre muerto, otra el marido;
al otro, triste, de su propia casa
desnudo y golpeado lo echan fuera.

¡Cuántas veces, habiendo el padre asido
al hijo en brazos, un golpe certero
el pecho de los dos ha atravesado!

Abandonan los otros suelo patrio,
acusando a ese dios cruel e ingrato,
dejando su facción de pena llena.

¡Ejemplos tan extraños en el mundo!
Se ven partos masivos a diario
nacidos de la herida de su vientre.

Tras ver su hija transida por los males,
dice la madre: «¡Oh, qué infeliz banquete!
¿Cómo te reservé cruel marido?».

Tumbas con sangre y con aguas fecales,
llenas de manos, de cráneos y piernas,
con otros miembros también amputados.

Perros, rapaces y fieras silvestres
son al final el sepulcro paterno:
¡cruel, feroz y extraña sepultura!

Verás sus caras siempre con horror,
rostros de hombres que temen y esperan
un dolor nuevo y un súbito miedo.

Verás la tierra, doquiera que mires,
llena de lágrimas, de sangre plena,
con alaridos, sollozos, suspiros.

Si alguno a aprender de otros se digna
cómo se debe emplear la Ambición,
el triste ejemplo de aquellos le enseña:

dado que el hombre no puede encerrarla,
debe con juicio, con entendimiento
y con fiereza saber gobernarla.

Quizá en vano, Venecia a su costa
aprendió tarde cuánto es necesario
tener espada, y no libro en la mano.

Bien al contrario, desea reinar
siempre que puede, y cuanto más consigue,
antes lo pierde y con mayor vergüenza.

Si ves, entonces, al pasar la vida
algo que pronto e impetuoso nace,
que entristece y que turba mente y pecho,

que no te maraville cosa alguna,
dado que la mayor parte del mundo
se deja gobernar por la Fortuna.

¡Triste!, que mientras en dolor ajeno
entierro ahora mi palabra y pecho,
por un mayor temor soy apresado.

Siento que la Ambición, con mal maestro
que al principio del mundo el Cielo dio,
sobre los montes de Toscana vuela,

y encendido ha ya tantas hogueras
en esa gente de envidia preñada,
que arderán todas sus tierras y villas
si gracia o buen gobierno no lo vetan.

DE LA OCASIÓN

A Filippo di Nerli

«¿Quién sino tú, sin par dueña inmortal,
el cielo en tanto grado adorna y dota?
¿Nunca estás quieta en esos pies alados?»

«Soy la Ocasión, de pocos conocida.
La causa buena de que corra tanto
es porque llevo un pie sobre una rueda.

»No hay volar que a mi correr se iguale:
permanezco de pie sobre mis alas
y a todo hombre deslumbro en mi carrera.

»Cae mi pelo en la frente despeinado;
con cabellos oculto rostro y pecho
y así nadie me siente cuando llego.

»No me queda ni un pelo en el cogote,
y nadie consiguió nunca agarrarme
si yo ya he pasado, o no he llegado.»

Dime: «¿Quién es la que contigo viene?».
«Es Penitencia. Fíjate y comprende:
quien no sabe atraparme, ese me tiene.

»Y tú, mientras consumes tiempo hablando
en pensamientos vanos ocupado,
no te das cuenta, bobo, y no comprendes
que ya me he escapado de tus manos.»

ÍNDICE DE PERSONAJES CITADOS O ALUDIDOS

GIROLAMO, conde. Girolamo Riario († 1488), marido de Caterina Sforza

GOLIAT. Personaje bíblico, soldado filisteo gigante derrotado por David (Sam., I, 17), p. 89

GRACCOS. Tiberio Sempronio Gracco y Cayo Sempronio Gracco, pertenecientes a uno de los linajes romanos más relevantes entre los siglos III-II a.C., p. 72

GUICCIARDINI, Luigi. (Florencia, 1478- Florencia, 1551). Hermano mayor de Francesco Guicciardini y padre de Niccolò. Amigo de juventud de Maquiavelo, que recuerda aventuras amorosas en una de sus cartas, p. 173

GUIDO ULBALDO. Guidobaldo de Montefeltro, duque de Urbino entre 1482 y 1508, p. 127

HELIOGÁBALO. Emperador romano (361-363), p. 127

HIERÓN II. Tirano de Siracusa entre 265-215 a.C., p. 52, 89

JULIANO. Emperador romano (361-363), p. 117

JULIO II, papa. Sobrino de Sixto IV, Giuliano della Rovere fue pontífice entre 1503 y 1513. Papa belicoso, fue duramente criticado por Erasmo, pp. 31, 61, 62, 87, 100, 145

LEÓN X, papa. Giovanni de Medici ocupó la silla pontifica entre 1513 y 1521, p. 79

LUCA, reverendo. Luca Rainaldi, obispo, embajador y consejero de Maximiliano de Austria, pp. 61, 138

LUDOVICO EL MORO. Ludovico Sforza (1452-1508), señor de Milán. Hijo de Francesco Sforza, llegó a ser duque de Milán entre 1494 y 1499, en que pierde el Milanesado. Muere en Francia, prisionero de los franceses, pp. 34, 176

LUIS XI, rey de Francia (1423-1483), p. 89

LUIS XII, rey de Francia (1462-1515). Fracasó en su intento de conquistar el ducado de Milán, p. 33